JN023775

ドイツ語会話
ハンドブック［新版］

伝えたいすべてのことがこの一冊に。

谷澤優子／ガブリエラ・シュミット　共著

収録音源について

本書にはドイツ語音声を用意しています。収録箇所の頭出し番号は、

▶ 2 のように記します。

弊社ホームページの以下のサイトから無料でダウンロードすることができます。

https://www.hakusuisha.co.jp/book/b606288.html

吹き込み者：Marei Mentlein / Thomas Meyer

編集協力　末松淑美

装丁・本文レイアウト　岡村伊都

イラスト　中川有美

はじめに

　「どうしたらドイツ語が話せるようになるのか」といった質問をよく耳にします。ドイツ語に限らないでしょうが、外国語で何か言おうとしても、言いたいことの半分も表現できないもどかしさは誰でも感じるものです。

　私がドイツ語を学び始めたのは、ちょうどドイツ統一の頃ですが、その頃、『ドイツ語表現ハンドブック』(関口一郎、ハンス＝ヨアヒム・クナウプ著、白水社刊) という一冊の本に出会いました。当時、場面やテーマに応じたドイツ語の語彙や表現を身に着ける必要性を感じた私は、別売カセットテープをウォークマンで聞いて例文を暗唱し、ドイツ語でのコミュニケーションがスムーズになったと記憶しています。

　今回ご縁があって、中級者向けの「ドイツ語表現集」を執筆する機会をいただきました。関口先生の「発話のヴァリエーション」「話題ごとに考え得る基本的な表現のピックアップ」という考え方を継承し、使いやすさという観点からまとめてみました。

　私は、語学の練習の段階は、スポーツにたとえることができるのではないかと思っています。まず必要なのは基本的な型、つまりテニスや野球の素振りです。日常の会話に占める定型表現 (決まり文句) の割合は非常に大きいもので、これを繰り返し練習すれば、いざという時にあわてることなく最初の一言が発せられるでしょう。次に必要なのが会話のキャッチボール、ラリーです。相手から投げられた球筋に反応し、相手が捕りやすい、打ちやすい所へ返す練習です。つまり、会話のパターン、ストラテジーを身につけることです。最後に実践練習と試合です。具体的には、できるだけ多くのドイツ語に触れることです。昨今はインターネットを通じて、ドイツ語による情報が、音声でも書き言葉でも、いつでも自由に得られるようになりましたので、ぜひ利用しましょう。

以上の3段階を考慮し、本書は3部構成としました。以下、それぞれの内容とレベル、使い方をご説明します。

第1部　定型表現

　日常、朝起きてから夜寝るまでに、必ずと言っていいほど使う決まり文句で、確実に身につけたい表現です。独検5〜4級レベル、ヨーロッパ共通参照枠（CEFR）A1レベルです。場面を想像しながら、音声面（発音やアクセント）に気をつけ、ネイティヴになった気持ちで、何度も繰り返してみましょう。これだけ身につければ、ドイツ旅行ではかなり役に立ちます。

第2部　会話のパターン

　少し学習が進んでくると、自分の言いたいことを自由に表現したくなります。その場合、言いたいことをまず日本語で考え、それをドイツ語に訳そうとする人が多いのですが、その習慣はやめた方がよいでしょう。まずドイツ語での枠組み、構文があって、そこに必要な語彙を入れていく、といった感覚が必要です。ですから第2部では、会話をすすめるパターンを、28の目的別に整理しました。レベルとしては、独検4〜2級レベル、CEFRのA1〜B1レベルです。第1部もそうでしたが、第2部もドイツ語→日本語の順で書かれています。ドイツ語で考え、反応する習慣をつけることが重要だからで、日本語訳は意味の確認のためにつけたものです。練習の仕方としては、ダイアローグを繰り返し聞いて声に出し、会話の流れを身につけましょう。ただし、暗記する必要はありません。その後、各テーマの最初のページを開き、そこにある会話のパターンを使いながら、相手と（いない場合はモノローグでも構いません）何か他のテーマを決めて会話してみましょう。

第3部　日本のことをドイツ語で説明する

　さらに学習が進んで、ある程度の会話のパターンが使いこなせる人のための練習です。日常会話だけではなく、自分の知っていること（ここでは全員の共通のテーマとして「日本事情」）を相手に伝える練習で、このレベルでは豊富な語彙が必要となります。独検3〜1級レベル、CEFRのA2〜C1レベルです。ここでは日本語→ドイツ語の順に書かれていますが、もちろん逐語訳をするという意味ではなく、まず自分の言いたいことを頭の中でまとめ、それを「全体として」自分が持っているドイツ語力でドイツ語に移す練習を試みてください。ここに挙げたドイツ語文はあくまでひとつの例にすぎませんし、書き言葉としても使える、整ったものです。会話ではもっと簡潔に述べてもいいでしょう。

　本書の利用の仕方は他にもいろいろあるでしょうし、語学の勉強の仕方は人それぞれです。皆さんが独自の「ドイツ語表現集」を作られ、ドイツ語でのコミュニケーションを楽しまれることを願っています。

　なお、本書の執筆にあたっては、共同執筆者のFrau Gabriela Schmidt、白水社編集部の岩堀雅己氏に大変お世話になりました。心よりお礼申し上げます。

谷澤優子

新版刊行にあたり、改めてすべてのドイツ語表現を確認しました。その際、第2部の会話例や第3部の表現例を一部追加しました。また新たに、ドイツ語の使い方や語彙に関する「ことばコラム」を多数掲載しています。収録音源は以下の通りです。

・第1部のすべての定型表現
・第2部の「会話のパターン」と各「会話例」
・第3部の全表現例

INHALT
目 次

第3部　日本のことをドイツ語で説明する

ことばコラム 【Sprachgebrauch】【Wortschatz】

会話の中での定型表現（決まり文句）の占める割合は、とても大きいものです。最初はまず定型表現をきちんと覚えることから始めましょう。定型表現だけでも、旅行の際など、かなりの会話が成り立ちます。

1. あいさつ　Begrüßung und Grüße　▶2

Guten Morgen!	おはよう！
Guten Tag!	こんにちは！
Guten Abend!	こんばんは！
Grüß Gott!	《南部で》 おはよう！こんにちは！こんばんは！
Gute Nacht!	おやすみ！
Hallo!	《親しい間柄で》こんにちは！やあ！
Grüß dich!	《親しい間柄で》 おはよう！こんにちは！こんばんは！
Lange nicht gesehen!	久しぶり！
Wie geht es〔Ihnen / dir〕?	お元気ですか？
–Danke, gut. Und 〔Ihnen / dir〕?	ありがとう、元気です。 で、〔あなた／君〕は？
Freut mich (sehr)!	《紹介されて》初めまして。
Auf Wiedersehen!	さようなら！
Auf Wiederschauen!	《南部で》さようなら！
Auf Wiederhören!	《電話で》さようなら！
Tschüs!	《親しい間柄で》バイバイ。
Also, bis morgen!	それでは、また明日！
Bis später!	またあとで。

Schönen Feierabend!	《職場で》お疲れ様。
Viel Spaß!	楽しんでいらっしゃい！
Viel Glück!	幸運をお祈りします！
Viel Erfolg!	成功を祈ります！
Ich〔drücke / halte〕Ihnen die Daumen.	がんばってくださいね (Good luck!)。
Gute Reise!	良いご旅行を！
Gute Fahrt!	《乗り物で出かける人に》どうかご無事で！
Alles Gute!	《しばらく会わない人に》ご多幸を！ごきげんよう！
Schönes Wochenende!	良い週末を！
–Danke, gleichfalls!	―ありがとう、あなたも同様にね。
Schönen〔Tag / Abend〕noch!	この後も良い〔一日／晩〕を。
Schöne Ferien! / Schönen Urlaub!	良い休暇を！ ＊Ferien は学校や大学の休暇、Urlaub は会社などの休暇
Schöne Grüße an Ihre Familie!	ご家族によろしく！

ちょっと一言

ドイツでは、挨拶をする機会が日本よりも多く、何もつけずに気軽に Morgen! と挨拶することもあります。エレベーターに乗り合わせた人に対して、またお店やレストランに入る時、駅などの公共施設の窓口でも必ず挨拶します。黙っているのは失礼です。お店などを出る時も、きちんと Auf Wiedersehen! と挨拶しましょう。また、地方独特の挨拶の言葉もあります。„Grüß Gott"（「おはよう」「こんにちは」「こんばんは」）や „Servus"（親しい者同士が、「やあ」「じゃあまた」）は、ドイツ南部、オーストリアで使われます。

Danke!	ありがとう！
Danke schön! / Danke sehr!	ありがとうございます！
Vielen Dank!	ありがとうございます！
Das ist sehr nett von〔Ihnen / dir〕.	ご親切にありがとうございます。
Bitte! / Bitte schön! / Bitte sehr!	どういたしまして。
Nichts zu danken! Gern geschehen!	《お礼に対して》 どういたしまして。＊フォーマル どういたしまして（喜んで）。 ＊bitteとほぼ同じ
Keine Ursache!	《お礼や謝罪に対して》 何でもございません。＊フォーマル
Macht nichts!	《謝罪に対して》何でもございません。
Ja, gern. Ja, bitte.	《人に何か勧められて》ええ、喜んで。 ええ、お願いします。
Nein, danke.	《人に何か勧められて》 いいえ、結構です。
Tut mir leid!	ごめんなさい！申し訳ございません。
Das tut mir sehr leid.	本当にごめんなさい！
Entschuldigung! / Entschuldigen Sie bitte! / Entschuldige bitte!	すみません！ ＊①人に声をかける時／②謝罪する （責任を取る）時
Verzeihung! / Verzeihen Sie bitte! / Verzeih bitte!	《多少堅い、強い、道徳的な気持ちから》 許してください。すみません！
Pardon!	《南部で》すみません！

ちょっと一言

・人に何かを勧められた時に、「はい、お願いします」は „(Ja,)gern“ と
"(Ja),bitte" と言います。„Danke“ だけで答えると、「いいえ」の意味にとられ
ることがよくあります。

・ドイツで事故などを起こした場合は、簡単に „Entschuldigung“ と謝らない
方がいいかもしれません。自分側の非を認め、あとで賠償する用意がある
と理解される可能性があります。それを避けるには、„Tut mir leid“ と言え
ばいいでしょう。日本人は、誠意を見せるためにまず謝るべきだ、と考えま
すが、ドイツでは多少事情が違うようです。

・日本人は部屋に入る時に、「すみません」と言って入りますが、この場合、
„Entschuldigung“ と言うのは誤りです。„Bitte, darf ich?“ などと言いましょう。

3. 相手の発言への反応、感想 　　　　Rückmeldung geben ▶ 4

(Wie) bitte?	何とおっしゃいましたか？
Noch einmal, bitte!	もう一度お願いします。
(Einen) Augenblick, bitte! / (Einen) Moment, bitte! / Moment mal!《口語で》	ちょっと待ってください。
Das stimmt! / Stimmt! / Genau! / Richtig!	その通り！
Natürlich! / Selbstverständlich! / Ja, klar!《口語で》	もちろん！
Alles klar! / In Ordnung!	了解です！
O.K. / Okay!	《軽い感じ》了解です！
Jawohl! / Sehr wohl!《口語で》	《接客で》かしこまりました。
Schön!	素晴らしい！ 素敵だ！
Wunderbar!	素晴らしい！ 見事だ！
Schade!	残念！

ちょっと一言

ドイツ語のbitteは英語のpleaseに相当しますが、pleaseよりも使える範囲が広いです。①まず英語のように、命令文の前か後に付けて、丁寧な命令文となります。„Kommen Sie, bitte!" ②英語の"Here you are!"のように、「どうぞ」の意味で、人に何かを渡したり、どこかに案内したり、席を譲ったりする時に使います。③人から感謝された時、„Danke schön!" に対して、„Bitte (schön)!"（「どういたしまして」の意味で）。④相手が謝ってきた時、„Entschuldigung!"に対して、„Bitte!"（「大丈夫です」の意味で）。⑤相手の言ったことが聞き取れなかった時、„(Wie) bitte?"「えっ、何と言いましたか？」のように聞き返します。語尾を上げて言うことが大切です。

4. 自己紹介　　　　　　　　　　　　　　　　Sich vorstellen　▶5

Wie heißen Sie? / Wie heißt du?	お名前は何と言いますか？
–Ich heiße Schneider, 　　Peter Schneider. / Mein Name ist Schneider, 　　Peter Schneider.	シュナイダーと申します。 ペーター・シュナイダーです。
–Ich heiße Julia. / Mein Name ist Julia.	ユリアといいます。 私の名前はユリアです。
–Ich bin Julia.	ユリアです。
Wer ist das, bitte?	そちらは、どなたですか。
Das ist Klaus. / Das ist Herr Schmidt.	こちらはクラウスです。／ こちらはシュミットさんです。
Freut mich.	宜しくお願いします。 （Nice to meet you.）
Woher kommen Sie? / Woher kommst du?	どちらの出身ですか？
– (Ich komme) Aus Berlin.	ベルリン（の出身）です。
Was sind Sie von Beruf?	ご職業は何ですか？

Was machen Sie beruflich?	お勤めは？
Ich〔bin / arbeite als〕**A** bei **B**.	私はA（職業名）で、Bに勤務しています。
Ich bin Student(in). / Ich bin Schüler(in).	私は学生です。 私は生徒です。
Wo wohnen Sie?	お住まいはどちらですか？
Ich〔wohne / lebe〕in … .	私は…に住んでいます。
Ich bin〔verheiratet / ledig〕.	私は〔既婚／未婚〕です。

ちょっと一言

ドイツ人は、人と知り合った場合、会話の初めに出身や職業、職場の様子が話題となることが多いです。

5. お祝い Gratulieren ▶6

Herzlichen Glückwunsch … 　zum Geburtstag! 　zur Hochzeit! 　zur bestandenen Prüfung!	 誕生日おめでとう！ 結婚おめでとう！ 試験合格おめでとう！
Gutes neues Jahr!	新年おめでとう！
Frohe Weihnachten!	クリスマスおめでとう！

ちょっと一言

ドイツ語でお祝いを述べる時、(Glück-)wunsch(幸福への願い), jm. et.⁴ wünschen(〜に…を願う)のように、"wünschen"を用いますが、日本語では「おめでとう」(ドイツ語でgratulierenに相当)と言うのは面白いことです。

Sie wünschen (bitte)?	何になさいますか？
Was möchten Sie (bitte)?	何になさいますか？
Was darf es sein? / Was darf's sein?	何になさいますか？
Kann ich Ihnen helfen?	いらっしゃいませ。
Was suchen Sie (denn)?	何かお探しですか？
Sonst noch etwas?	他に何かご入り用な物はありますか？
–(Nein,) danke. Das ist alles.	いいえ、それで全部です。
Ich 〔 möchte / hätte gern 〕	…が欲しいのですが。
Ich suche	…を探しているのですが。
Haben Sie ... ?	…はありますか？
〔Wie viel / Was〕kostet das?	これ（それ）はいくらですか？
Was macht das zusammen?	全部でおいくらですか？
Das kostet 98 Euro./ Das macht 98 Euro.	これは98ユーロです。
Das ist ein Sonderangebot. / Das ist im Sonderangebot.	これは特売品です。
Wie viel darf es sein?	いくつご入り用ですか？
Das nehme ich.	これにします（これを買います）。
Können Sie das als Geschenk einpacken?	プレゼント用に包んでください。
Kann ich mit Kreditkarte bezahlen?	クレジットカードが使えますか？
Ich möchte (in) bar bezahlen.	私は現金で払いたいです。

Herr Ober! / Bedienung!	《ウェイターを呼ぶ時》すみません！
〔Ich möchte / Wir möchten〕 bitte bestellen.	注文お願いします。
Die Speisekarte bitte!	メニューお願いします。
Was darf es sein? / Was wünschen Sie? / Was bekommen Sie bitte?	何になさいますか？
Was möchten Sie 〔trinken / essen〕?	〔お飲み物／お料理〕は何になさいますか？
Was können Sie (mir) (heute) empfehlen?	(今日の) お勧めは何ですか？
Gibt es eine Tageskarte?	今日のサービスメニューはありますか？
Zum 〔Trinken / Essen〕 nehme ich	〔飲み物／料理〕は…をお願いします。
Als 〔Nachtisch / Dessert〕 nehme ich	デザートは…をお願いします。
Ich 〔möchte / hätte gern / nehme〕	…をいただきたいのですが。
Guten Appetit!	《食事をする人に》おいしく召し上がれ！
Prosit! / Prost! / Zum Wohl!	乾杯！
Das schmeckt (gut).	これはおいしい。
Das ist lecker.	これはおいしい。
Mit oder ohne 〔Sahne / Zucker / Milch〕?	〔生クリーム／砂糖／ミルク〕付きですか、なしですか？
Die Rechnung, bitte.	お会計をお願いします。
Zahlen, bitte!	お支払いをお願いします！

Zusammen oder getrennt?	ご一緒ですか、それとも別々ですか？
Das macht zusammen 25 Euro.	全部で25ユーロになります。
(Das) Stimmt so.	《チップ込みで払う場合》おつりは結構です。

ちょっと一言

ドイツのレストランでは、注文も支払いもテーブルで行ないます。同じウェイターが注文から食事の運搬、支払いまですべて請け負うので、そのサービスに対して5～10パーセントのチップを払います。味やサービスがとても良かった場合は、20パーセントくらい払うこともあります。

8. 駅にて   Am Bahnhof ▶9

〔Eine Fahrkarte / Einmal〕nach ... , bitte!	…行きの切符を一枚お願いします。
Einfach oder hin und zurück?	片道ですか、それとも往復ですか？
Was kostet die Fahrkarte?	切符はいくらですか？
〔Wann / Um wie viel Uhr〕fährt der Zug (von ...) ab?	何時に列車は（…を）出発しますか？
〔Wann / Um wie viel Uhr〕kommt der Zug (in ...) an?	何時に列車は（…に）到着しますか？
Wo steigen wir um?	どこで乗り換えますか？
Wie lange dauert es?	どのくらい時間がかかりますか？
Können Sie mir die Verbindung bitte ausdrucken?	列車の接続を印刷していただけますか？
Wo gibt es〔hier / in der Nähe〕...?	〔この辺り／この近く〕ではどこに…がありますか？
Ich möchte einen Sitzplatz für den Zug reservieren.	列車の座席を予約したいのですが。
Holen Sie mich am Bahnhof ab?	駅に迎えに来てもらえますか？

ちょっと一言

予約した座席は、なるべく早く座らなければなりません。ある一定の時間を
過ぎると、予約が無効と見なされ、他の人が座ってしまいます。

9. ホテルにて　　　　　　　　　　　　　　　Im Hotel ▶ 10

Ich möchte ein Zimmer 〔reservieren / buchen〕.	部屋を一部屋予約したいのですが。
Haben Sie ein Zimmer frei?	部屋は空いていますか？
Ich suche ein Hotelzimmer für heute Nacht.	今晩のホテルを探しています。
Ich brauche ein Einzelzimmer für eine Nacht.	シングルルームを1泊お願いします。
Ich möchte ein Doppelzimmer mit 〔Bad / Dusche〕.	ツインルームを〔お風呂付き／シャワー付き〕でお願いします。
Ist Frühstück inklusive?	朝食付きですか？
Das Frühstück ist inbegriffen.	朝食付きです。
Mit Frühstück, bitte.	朝食付きでお願いします。
Hat das Zimmer einen Internetzugang?	部屋にはインターネットの接続がありますか？
〔Wie viel / Was〕 kostet das Zimmer?	部屋はいくらですか？
Ich nehme das Zimmer. / Das nehme ich.	それ（その部屋）にします。
Hier ist Ihr Schlüssel.	これがあなたの（部屋の）鍵です。
Ich wünsche Ihnen einen angenehmen Aufenthalt.	ごゆっくりご滞在ください。

ホテルの値段は、部屋が単位です。ですから、シングルルームはダブルルームよりも、すごく安い（半分の値段）ということはありません。Hotel Garni（レストランのないホテル）、Pension（ペンション）、あるいは個人が部屋を貸しているケースは、宿泊と朝食だけです。

10. 町にて（道を聞く、タクシー、コンサート等）　　In der Stadt　▶ 11

Wie komme ich〔zur / zum〕...?	どうやって…へ行ったらいいですか？
Wo〔ist / liegt〕das?	どこにそれはありますか？
Gehen Sie hier〔geradeaus / rechts / links〕!	ここを、〔まっすぐ／右へ／左へ〕行ってください。
Biegen Sie〔rechts / links〕ab.	〔右に／左に〕曲がってください。
Fahren Sie die〔nächste / zweite〕Straße〔rechts / links〕.	〔次の／2番目の〕通りを〔右に／左に〕行ってください。
Sie finden das auf der〔rechten / linken〕Seite.	それは〔右側／左側〕にあります。
Wie lange dauert es〔zu Fuß / mit dem Bus〕?	〔歩いて／バスで〕どれくらいかかりますか？

11. 空港にて　　Am Flughafen　▶ 12

Kann ich bitte Ihren Reisepass und Ihr Flugticket sehen?	パスポートと航空券を拝見できますか？
Schreiben Sie mir bitte die Meilen gut.	マイレージをつけてください。
Haben Sie Gepäck?	お荷物はありますか？
Ich habe einen Anschlussflug nach Wien.	私はウィーンへ乗り継ぎます。

| Wo möchten Sie sitzen, am Gang oder am Fenster? | お座席は、通路側と窓側のどちらがよろしいでしょうか？ |
| Füllen Sie bitte dieses Formular aus. | この書類にご記入ください。 |

12. 病院にて　　　　　　　　　Beim Arzt ▶ 13

Was fehlt Ihnen denn?	どこが悪いのですか？
Ich habe Kopfschmerzen.	頭痛がします。
Ich habe Magenschmerzen.	胃痛がします。
Mein Hals tut weh.	のどが痛いです。
Meine Ohren tun weh.	耳が痛いです。
Nehmen Sie bitte diese Tabletten dreimal pro Tag.	この薬を一日3回飲んでください。
Gute Besserung!	お大事になさってください。
Gesundheit!	《くしゃみをした人に》お大事に。

ちょっと一言

ドイツの診療所・病院の多くは、診察後、日本のような会計（現金での支払い）はありません。後日請求書が送られてくるので、その金額を振り込みます。

ことばコラム

【Sprachgebrauch】 新語、造語、流行語

ことばは変化し、常に新しい語が造られます。新語（Neologismus）と呼ばれます。しばらくは頻繁に使われるものの、やがて廃れてしまう語もあります。新語には、新しく構成された語（Dieselkrise ディーゼル問題、Digitalpakt デジタル協定、Gelbweste 黄色いベスト、Gendersternchen ジェンダー星印、Erstaufnahmeeinrichtung 移民仮受入施設、Gesichtserkennung 顔認証）、新しい意味を得た語（abhängen［若者たちが］休む、aufschlagen 到着する、anklicken［マウスで］クリックする）、他の言語から造られた語（日本語から：Abenomics, Emoji）などがあります。

第1部で決まり文句を勉強しました。会話を発展させるために、次のステップとして、「伝えたいこと」のために必要な構文を身につけましょう。まずは、自分の意見をはっきりと伝えることから始めます。チャートを見てみましょう。

意見を述べる（Meinung äußern）―賛成と反対（für und gegen）▶ 14

意見を言う

Ich〔glaube / finde〕,
(dass) … .
…と思います。

Ich〔denke / meine〕, (dass)
… .
…と思います。

Meiner Meinung nach … .
私の考えでは…です。

意見を聞く

〔Glauben Sie / Glaubst du〕,
(dass) … ?
…と思いますか？

Was denken Sie über … ?
…についてどう思いますか？

Wie finden Sie … ?
…をどう思いますか？

確信していることを言う

Ich bin (ganz) sicher,
(dass) … .
きっと…と思います。

Es ist doch (ganz) sicher,
(dass) … .
きっと…です。

Ich bin fest davon
überzeugt, (dass) … .
…であると確信しています。

不確実なことを言う

Ich bin (mir) nicht sicher,
〔w- / ob〕… .

Ich weiß nicht,〔wer / was /
wann / wo / wie / ob〕… .
〔誰が／何が／いつ／どこで／どのように／…かどうか〕わかりません。

はっきりと反対する

(Nein), das〔finde / glaube〕ich nicht.

いいえ、そうは思いません。

Das stimmt〔aber / doch〕nicht.

それは違います。

Das ist〔aber / doch〕nicht richtig.

それは正しくありません。

賛成する

(Ja), das〔finde / glaube〕ich auch.

はい、私もそう思います。

Ich bin (ganz) der Meinung.

私も同じ意見です。

Das stimmt! / Genau! / Eben!

その通り！

Da〔haben Sie / hast du〕Recht.

〔あなた／君〕の言うとおりです。

控えめに反対する

Sind Sie da (wirklich) sicher?

本当ですか？

Wirklich? / Echt?

本当？

Vielleicht haben Sie Recht, aber … .

たぶん正しいかもしれませんが…。

Keine Ahnung.

わかりません。

解説

■ 日本語で「思う」に相当するドイツ語の動詞には、finden, meinen, denken, glauben等があります。finden（判断する）は話し手が価値判断を述べること、meinen（言っている）は何かに対して話し手が特定の意見を持つこと、denken（考える）は話し手が思い込んでいること、glauben（信じる）は可能性にかかわらず信じていること、のようなニュアンスの違いがあります。構文としては、dass文、dassのない独立文もとることができますが、否定文で用いる場合は、Ich finde / meine / denke / glaube nicht, dass ...のように、必ず dass を用います。

■ meiner Meinung nachは nach meiner Meinung のようにnachを前に持ってくることもできます。いずれにせよ、後に続く文は定動詞＋主語の語順です。

会話例 **1** 実際の会話で、練習しましょう

(1) Heute kommen　今日来ること　　　　　　　　　　▶ 15

A : **Glauben Sie,** dass er heute kommt?

A：彼は今日来ると思いますか？

B : Ja, **ich glaube,** er kommt auch, aber **ich bin (mir) nicht sicher.**

B：ええ、彼も来ると思いますよ。でもはっきりとはわかりませんが。

A : Mal sehen.

A：まあ、様子を見ましょう。

(2) Schmeckt alles gut　全部おいしい　　　　　　　　▶ 16

A : **Wie finden Sie** japanisches Essen?

A：日本食をどう思いますか？

B : **Ich finde es** gesund.

B：健康的だと思います。

A : Ja, **das finde ich auch.**

A：ええ、私もそう思います。

B : Und mir schmeckt*1 alles gut.

B：どれも私には美味しいです。

(3) Hunde und Katzen　犬と猫　　　　　　　　　　　▶ 17

A : Ich finde, Hunde sind süßer*2 als Katzen.

A：私は犬の方が猫よりもかわいいと思います。

B : **Das stimmt nicht.** Katzen sind zutraulicher als Hunde.

B：それは違いますね。猫の方が人なつっこいですよ。

A : **Vielleicht haben Sie Recht.** Aber Hunde helfen oft den Menschen.

A：たぶんあなたの言うとおりかもしれません。でも犬は人間をよく助けてくれますよ。

A : **Meiner Meinung nach** sollte auch in Japan die Sommerzeit eingeführt werden.

A : 私の考えでは、日本にも夏時間を導入するべきです。

B : **Eben!** Dann können wir viel Energie sparen.

B : その通り！ そうすれば多くのエネルギーが節約できます。

A : **Glauben Sie** aber, dass es in Japan funktioniert?

A : でも、日本でうまくいくと思いますか？

B : **Keine Ahnung.**

B : わかりません。

 語彙 と 表現

*1 「おいしい」に相当するドイツ語は、„Das〔schmeckt / ist〕gut"、その他、gutの代わりの形容詞として、fein, köstlich, appetitlich, leckerなどがあります。「グルメ（な人）」というのは、Feinschmecker と言います。

*2 「かわいい」は、süß, niedlich, goldig, liebなどと訳されます。

ドイツ語（人）の発想・日本語（人）の発想

■ ドイツ人は議論好きです。必ず自分の意見・立場を明らかにし、その理由づけをしてきます。相手の意見に対しても、賛成か反対かをまず明らかにします。日本人は、たとえ反対意見であっても、相手を気遣ってはっきりノーと言わないことがありますが、このようなあいまいな態度は誤解を生みかねません。

ことばコラム

【 Wortschatz 】　家事・掃除

個人または地域によってさまざまな表現が使われます。たとえば、掃除には reinigen, putzen, saubermachen, rein(e) machenなど。水 を 使 う 場 合 は putzen, waschen, spülen, wischen, abwischenなど。reinigenには２つの意味があります：①クリーニングに出す、②掃除をする。

他に、Reinigungskraft 清掃員、Zugehfrau (Haushaltshilfe) 家政婦、など。

程度を述べる

sehr ＋形容詞　とても…、非常に…

Das Schloss ist **sehr** schön. Es ist wirklich wunderschön.

その城はとても美しい。それは本当に素晴らしい。

zu ＋形容詞　…すぎる

Die Aufgabe ist **zu** schwierig. Ich verstehe sie nicht.

その問題は難しすぎます。私にはわかりません。

比較する－同等比較

so ... wie ~　〜と同じくらいに…

Er ist **so** groß **wie** ich.

彼は私と同じくらい背が高い。

genauso ... wie ~　〜と全く同じくらい…

Ich bin **genauso** alt **wie** mein Freund. Wir sind gleich alt.

私は私の友人と全く同じ年齢です。私たちは同い年です。

比較級と最上級

Thomas ist fleißig. Er ist **fleißiger als** Julia.
Aber Anna ist **am fleißigsten**.

トーマスは勤勉です。ユリアより勤勉です。だが、アンナが最も勤勉です。

Thomas verdient **mehr Geld als** Julia.

トーマスはユリアより稼ぎます。

時間の対比

Damals gab es hier ein Theater. **Jetzt** ist hier ein Kino.

当時はここに劇場がありました。今はここに映画館があります。

解 説

■ 形容詞・副詞の比較級、最上級の形をきちんと覚えましょう。なお、ほとんどの形容詞は、そのまま副詞にもなります。

1) 基本（規則変化）は、（比較級）-er,（最上級）-st を付けます。

klein – kleiner – kleinst, am kleinsten

lang – länger – längst, am längsten

（母音が1つの語の a, u, o は ä, ü, ö になります）

2) 不規則変化

gut – besser – best, am besten

viel – mehr – meist, am meisten

■ 比較級

1) 名詞の場合

mehr + 名詞 + als ... : mehr Geld verdienen als ...

2) 副詞の場合

副詞 -er als ... : weiter fahren als ...

■ 最上級の形には、①定冠詞＋形容詞 -ste と、②am＋形容詞 -sten を使う方法があります。

Der Schüler ist der größte in der Klasse. Der Schüler ist am größten.

ただし、以下のような場合は、am＋形容詞 -sten を使います。

1) 同一のものを異なる条件のもとで比較する場合

Der See ist hier am tiefsten.

その湖はここが最も深い。

2) 副詞の最上級は常に

Thomas läuft am schnellsten in der Klasse.

トーマスはクラスで足が最も速い。

■ 会話では比較表現が好まれます。そのほうがマイルドなニュアンスになる場合があるからです。

Was möchten Sie trinken?　　何が飲みたいですか？

— Ich möchte **lieber** Tee.　　お茶の方がいいです。

Das ist gut. それはいい。　　　→　　Das ist **besser**. その方がいい。

Das ist schön. それは素敵だ。　　→　　Das ist **schöner**. その方が素敵だ。

会話例

実際の会話で、練習しましょう

(1) Genauso viel　同じくらいの値段　▶ 20

A : Wie viel kostet ein Kilo
Tomaten?

A : トマト1キロはいくらしますか？

B : Ich habe auf dem Markt für
ein Kilo 2 Euro bezahlt.

B : 私は市場で、1キロのトマトに2
ユーロ払いました。

A : Dann sind sie nicht **teurer**
geworden. Sie kosten[1]
genauso viel wie letztes Jahr.

A : それなら高くはなっていないで
すね。去年と全く同じ値段です。

B : Ja, das ist richtig.
Die Kartoffeln kosten jetzt
sogar **weniger!**

B : ええ、その通りです。でもじゃ
がいもはそれどころか今は安く
なっていますよ。

(2) Taschengeld　お小遣い　▶ 21

A : Wie viel Taschengeld bekommt
dein Sohn pro Monat?

A : あなたの息子は月にどれくらい
お小遣いをもらっているの？

B : Ich gebe ihm 10 Euro. Wie
viel gibst du denn?

B : 10ユーロあげているよ。じゃあ、
君はいくらあげているの？

A : Ich gebe **mehr (Taschengeld)
als** du. 10 Euro pro Woche.
Ist das **zu viel?**

A : 私はあなたより多いわ。週に10
ユーロ。多すぎるかしら？

B : Ja, das ist **sehr viel Geld für**
ein Kind mit 12 Jahren.

B : うん、それは12歳の子供にはす
ごく多いね。

(3) Eine schlanke Figur　スリムな体型　▶ 22

A : Hast du abgenommen? Du
siehst **schlanker** aus.

A : 痩せた？ スリムになったように
見えるけど。

B : Nein, ich wiege immer noch
gleich viel wie vorher. Aber die
Jacke, die ich trage, macht eine
schlanke Figur[2].

B : ううん、体重は今でも以前と同
じだよ。でも私が着ている上着
は痩せて見えるんだ。

A : Das sieht wirklich sehr gut aus!

A : 本当にとても素敵ね。

A : Was macht ihr am
　　Wochenende?

A：あなたたち、週末は何をするの？

B : Wir gehen Rad fahren. Wir
　　wollen uns **mehr bewegen** und
　　mehr Sport machen. Und ihr?

B：サイクリングしに行くんだ。もっ
　　と運動をして、スポーツをする
　　つもりだよ。君たちは？

A : Wir arbeiten im Garten.
　　Das Unkraut ist **zu hoch**
　　gewachsen. Er soll wieder
　　schön werden.

A：庭仕事をするわ。雑草が伸びす
　　ぎちゃって。庭をまたきれいに
　　しないと。

B : Viel Spaß dabei!

B：どうぞ、楽しんでね！

A : Danke, ebenfalls.

A：あなたたちも！

*1 「（値段が）高い／より高い／安い」という場合、動詞kostenを使えば、
　„Das kostet viel/mehr/wenig"、また、seinを使えば „Das ist teuer/teurer/
　billig" です。„Das kostet teuer" のような誤りをしないように注意しま
　しょう。

*2 Figurは、「スタイル」のことで、„Das macht eine gute Figur"(スタイル
　がよく見える)のように使います。ちなみに、「太っている」という意味
　のdickは、ネガティヴなニュアンスがあるので、rund（ふっくらした）や
　vollschlank（ふくよかな、特に女性に対して）などを使うとよいでしょう。

ドイツ語(人)の発想・日本語(人)の発想

■ Taschengeld（お小遣い）というのは、ドイツでは子供がもらうものです。
　日本では、妻から夫へ渡すお金も「お小遣い」と呼びますね。ちなみに、
　ドイツの家庭では、家計の主導権を握っているのは男性の場合が多いよ
　うです。

感想を聞く

Wie gefällt Ihnen ... ?　Wie gefällt Ihnen der Film?
…はどう思いますか。　　その映画はどうですか？

Wie gefällt es Ihnen in ... ?　Wie gefällt es Ihnen in Berlin?
…（場所）はどうですか？　　ベルリンはどうですか？

感想を述べる

Ich finde ...〔schön / interessant〕.
私は…を〔素晴らしい／面白い〕と思います。

Ich finde es schön, (dass) ... .
私は…であることを素晴らしいと思います。

Ich finde es schrecklich, (dass) ... .
私は…であることをひどいと思います。

Das halte ich für unmöglich.
それはあり得ないと思います。

好みを述べる

Ich mag ... .
…が好きです。

Mir gefällt das sehr gut.
それがとても気に入っています。

Mir gefällt das〔nicht besonders / überhaupt nicht〕.
それは〔それほど／全然〕気に入りません。

解 説

■ 動詞 „gefallen" ([人³に] 気に入る) は、対象物を主語に、人を3格にする構文をとります。

> Die Krawatte gefällt ihm.
> そのネクタイを彼は気に入っている。

■ finden は、finden+ 4格 (対象物) + 状態で、「…⁴を〜だと思う」という意味になります。

> Ich finde das Buch interessant.
> 私はその本が面白いと思う。

■ halten は、halten+ 4格 (対象物) +für+ (4格の名詞あるいは形容詞) で、「…⁴を〜だと思う」という意味になります。

> Ich halte ihn für einen guten Freund.
> 私は彼を親友だと思っている。

> Ich halte das für gut.
> 私はそれを良いと思う。

■ halten はまた、halten+ von +3格 (対象物) +etwas, viel, nichts などで、「…³を〜と思う」という意味を表わします。

> Ich halte von der Idee〔etwas / viel / nichts〕.
> 私はそのアイデアは〔価値がある／重要だ／無意味だ〕と思う。

■ 「評価する」際には、【会話のパターン2.】で取り扱った「比較表現」が多く用いられます。

ドイツ語(人)の発想・日本語(人)の発想

■ 「評価の表現」に限らないことですが、ドイツ人の方が明確に(explizit)、はっきりと述べるのに対し、日本人は暗示的に(implizit)述べる傾向にあります。

会話例　実際の会話で、練習しましょう

(1) Meinung über Berlin　ベルリンについての意見　▶ 25

A : **Wie gefällt es Ihnen in Berlin?**　A：ベルリンはどうですか？

B : Sehr gut, **ich finde es wunderbar.** So schöne Gebäude!

B：とってもいいです。素晴らしいと思います。素敵な建物があって。

A : Ach ja? Ich finde es beunruhigend, denn es gibt so viele Häuser.

A：そうですか？私は家が多すぎて落ち着きません。

(2) Zwei gute Bekannte: Besuch　知人の訪問　▶ 26

A : **Ich finde es schön, dass** du mich morgen besuchst.

A：明日、私の所に来てくれるなんて嬉しい。

B : Sehr gern. Ich freue mich auch. **Mir gefällt der Garten bei dir.**

B：喜んで。僕も楽しみにしているよ。君の所の庭が好きなんだ。

A : Der Garten **ist für mich sehr wichtig.** Das ist mein Hobby.

A：庭は私にとってとても大切です。私の趣味です。

(3) Mutter und Sohn: Fahrrad　母と息子：自転車　▶ 27

A : Was machst du denn da?　A：そこでいったい何しているの？

B : Ich repariere mein Fahrrad. Ich glaube, das Licht ist kaputt.

B：自転車を直しているんだ。ライトが壊れていると思う。

A : Meinst du denn, dass du das alleine machen kannst?

A：1人でできると思っているの？

B : Ich denke schon*1. Ich probiere es einfach.

B：まあ、そうだよ。とりあえずやってみようかと。

A : **Du solltest es besser reparieren lassen.**

A：お店で修理してもらったほうがいい。

(4) Eltern über die Schule　両親の学校話

A : Die Englischprüfung von Anna war sehr schwer. **Das finde ich nicht gut.**

A：アンナの英語のテストはとても難しかった。あれは良くない。

B : **Das finde ich überhaupt nicht.** Prüfungen müssen schwer sein.

B：そんなこと全然ないよ。試験は難しくなくっちゃ。

A : Es gab aber viele Wörter, die sehr viel schwieriger als im Lehrbuch waren. **Ich finde, das ist ungerecht.**

A：教科書に載っているものよりずっと難しい単語がでていたし。不公平だと思う。

B : Ja, das denke ich auch. Aber ich meine auch, dass man sich auf eine Prüfung sehr gut vorbereiten muss.

B：うん、私もそう思う。でも、試験には念入りに準備しなければならないとも思うけど。

  語彙 と 表現

*1 この場合のschonは、留保を伴った肯定、「まあそう思う」の意味です。
同様の例を挙げると、„Schon gut!"（まあいいよ）、„Ja schon"（まあそうだよ）。

ことばコラム

[Sprachgebrauch]　lernen と studieren

lernen 学ぶ、studieren 大学で専攻する、üben 練習する、büffeln ガリ勉する、
pauken 頭に叩き込む、auswendig lernen 暗記する

Ich lerne/übe Englisch. 私は英語を学ぶ／練習する。

Ich lerne/übe für Englisch. 私は英語の勉強／練習をする。

Ich lerne Teezeremonie. 私は茶道を習う。

Ich studiere Anglistik.
　私は大学で英語学を専攻している。

Ich muss für die Aufnahmeprüfung pauken / büffeln.
　私は試験のために猛烈に勉強しなければならない。

Ich lerne das Gedicht auswendig.
　私はその詩を暗記する。

重要性を述べる

Das ist wichtig.
それは重要です。

Ich finde es wichtig, dass ... .
私は…ということが重要だと思います。

Ich lege großen Wert auf ... .
私は…を重要視しています。

Dabei spielt die Zusammenarbeit eine〔große / wichtige〕Rolle.
その際には共同作業が重要です。

重要性の比較

A ist wichtiger als B.
AはBより重要です。

A ist am wichtigsten.
Aが最も重要です。

Am wichtigsten war mir ... .
私にとって最も重要なのは…でした。

Gesundheit ist am allerwichtigsten.
健康は最も重要です。

Sicherheit geht über alles.
安全が第一です。

序列を述べる

als erstes, als zweites, als drittes, ... /
erstens, zweitens, drittens, ...
第一に、 第二に、 第三に、…

Zuerst gehe ich zum Bahnhof, dann auf die Post.
最初に駅に行ってから郵便局へ行きます。

解 説

- 「重要である」ということを表現するには、まず形容詞文、wichtig sein が使えます。esを主語として、後にdass文や、zu不定詞を続けることができます。

    Es ist wichtig, dass wir uns einigen.
    我々が合意することが重要です。

    Es ist wichtig, sich zu bemühen.
    努力することが大切です。

また、「誰にとって重要か」を表わす場合は、人の3格、あるいはfür + 人の4格を使い、Das ist〔 mir / für mich 〕wichtig. とします。wichtigの同意語として、bedeutendがあります。wichtigは「大切な、大事だ」、bedeutendは「意味がある、有名だ」といったニュアンスの違いがあります。

- 名詞を使った表現として、von großer Bedeutung seinやgroße Bedeutung habenがあります。

    Diese Arbeit hat große Bedeutung für mich.
    その仕事は私にとって大変重要です。

- その他、慣用的な表現として、eine wichtige Rolle spielen（否定はkeine Rolle spielen）など、さらにEs kommt + 3格 + auf + 4格 + anがあります。

    Geld spielt keine Rolle.
    お金は重要ではありません。

    Es kommt darauf an, die richtigen Leute zu kennen.
    ふさわしい人物と知り合いであることが重要です。

    Es kommt ihr auf gutes Benehmen an.
    彼女にとっては、きちんとした振舞いが重要です。

ことばコラム

【 **Wortschatz** 】 文章の順序を表わすことば

Textfolge 文章の順序
zuerst, zunächst まずはじめに　dann, danach, darauf それから、そのあと
als nächstes 次に　schließlich 結局　zuletzt 最後に

実際の会話で、練習しましょう

(1) Was ist morgens wichtig　　朝、大切なことは？　　▶ 30

A : Morgens mache ich **zuerst**
Kaffee, um wach zu werden.

B : Ich brauche das nicht. Ich
dusche heiß und kalt. Dann
beginnt mein Tag.

A : **Kaffee ist für mich sehr
wichtig.**

B : Jedem das seine.[*1]

A：朝、私は目を覚ますために、最初
にコーヒーをいれます。

B：私はそうではありません。熱い
お湯と冷たい水でシャワーを浴
びます。それで私の一日が始ま
ります。

A：コーヒーは私にとってとても重
要です。

B：誰にでも大事なものはあります。

(2) Gute Besserung!　　お大事に　　▶ 31

A : Mein Vater ist im
Krankenhaus.

B : Was hat er denn?

A : Eine Lungenentzündung.

B : Gute Besserung!

A : Danke! **Gesundheit ist am
wichtigsten.**

A：父は病院に入院しています。

B：どうしたんですか？

A：肺炎です。

B：お大事に！

A：ありがとう。健康は一番大事で
すから。

(3) Pünktlichkeit　　時間の正確さ　　▶ 32

A : **Ich lege großen Wert darauf,**
dass der Unterricht pünktlich
beginnt.

B : Und wenn die Studenten zu
spät kommen?

A : Dann bekommen Sie ein Minus.

A：私は授業が時間通りに始まる
ことを重要視しています。

B：それでもし学生たちが遅刻し
てきたら？

A：その場合、彼らは減点されます。

A : Begrüßen Sie die neuen Gäste?

A：あなたが新しいお客さんたちに
挨拶をするのですか？

B : Nein. **Zuerst** hole ich sie vom
Flughafen ab, **dann** bringe ich
sie hier ins Büro und **dann**
begrüßen Sie die Gäste.

B：いいえ、最初に私は彼らを空港
へ迎えに行きます。それからこ
のオフィスに連れてきますから、
あなたがお客さんに挨拶してく
ださい。

A : Ach so. Also noch einmal:
Erstens Flughafen, **zweitens**
ins Büro, **drittens** Begrüßung.

A：あっ、そうですか。それでは復
唱しますね。最初に空港、次に
オフィス、三番目が挨拶ですね。

B : Ja, genau in der Reihenfolge.

B：はい、その順番の通りです。

*1 Jedem das seine.（誰にでも大事なものはある）というのは、慣用表現です。

ドイツ語（人）の発想・日本語（人）の発想

■ ドイツ人と日本人のどちらも時間の正確さについては定評があります。
ドイツ人の中には、招待された時間よりかなり前に着いて、家の周りで
時間をつぶし、定刻にチャイムを鳴らすような人も多くいます。ただ、
大学等の講義の時間については、解釈が違うようです。例えば、9時に
始まる講義は、普通は9時前後の5分間の間に部屋に入ればよく、„das
akademische Viertel"（講義が定刻より15分遅れて始まるならわし）というもの
もあります。

ことばコラム

【 Wortschatz 】 「忙しい」

beschäftigt sein 仕事中である
viel zu tun haben 忙しい、することがたくさんある
viel um die Ohren haben たいへん忙しい（慣用表現）

理由を述べる

〔 **Weil / da** 〕es stark geregnet hat, bin ich gestern zu Hause geblieben.

激しく雨が降ったので、昨日は家にいました。

Ich bin gestern zu Hause geblieben, 〔 **weil / da** 〕es stark geregnet hat.

激しく雨が降ったので、昨日は家にいました。

Er war nicht dabei, **denn** er war krank.

彼はいませんでした。というのは、病気だったからです。

Sie hat fleißig gelernt, **deshalb** hat sie die Prüfung bestanden.

彼女は熱心に勉強しました。それゆえ試験に合格しました。

Er war lange in Deutschland. **Daher** kann er sehr gut Deutsch.

彼は長くドイツに住んでいました。それでドイツ語がとてもよくできます。

Wegen der Erkältung kann er heute nicht kommen.

風邪のため彼は今日来られません。

Aufgrund des Taifuns fallen heute die Flüge aus.

台風のせいで、今日は飛行機が欠航します。

Ich kann dir leider nicht helfen, ich habe **nämlich** viel zu tun.

残念だけどお手伝いできません、というのもやることがいっぱいあるからです。

Der Tempel wird jetzt umgebaut. **Aus diesem Grund** kann man ihn nicht besichtigen.

そのお寺は改築中です。その理由で見学できません。

解 説

■ 「理由」を表わすには、以下のような方法があります。

1）副文として

〔Weil / Da〕～ , …   … , 〔weil / da〕～
～なので…

2）主文として

… , denn ～
…、というのは～

3）副詞

～ , 〔deswegen / deshalb〕…
～、それゆえに…

～ . Daher …
～。そのことにより…

4）前置詞

wegen (2格・まれに3格支配)
…の理由で

5）その他

… , nämlich ～
つまりそのわけというのは～

aus diesem Grund
この理由で

■ weil が主に相手の知らない理由を表わしますが、da は相手も知っている理由を表わします。

■ weil が因果関係を表わすのに対し、denn は前文で述べた判断の根拠を補足的に表明します。

■ …. Daher は da にアクセントがあります。

■ 前置詞 wegen は、2格支配だけでなく、まれに3格支配の場合もあります。2格支配の前置詞があまり使われなくなってきている傾向の中で、wegen は比較的よく使われています。同様に「理由」を表わす2格支配の前置詞に aufgrund がありますが、これは主に書き言葉で使います。ビジネス等の公的な会話でも使われます。

実際の会話で、練習しましょう

（1）Der Weg　道　　　　　　　　　　　　　　　　▶ 35

A : Entschuldigung, ich bin zu spät!

A : すみません、遅くなりました！

B : Warum?

B : どうしたのですか？

A : **Weil** ich den Weg nicht gefunden habe.

A : 道が見つからなかったのです。

B : Ach so. Na gut!

B : そうですか。まあ、いいですよ。

（2）Nicht gut schlafen　よく眠れない　　　　　　　▶ 36

A : Ich kann nicht gut schlafen.

A : よく眠れないんだけど。

B : Warum denn?

B : 一体どうしたの？

A : Die Klimaanlage ist kaputt und es ist zu heiß.

A : エアコンが壊れて、ものすごく暑くて。

B : Ah, **deswegen** kannst du nicht gut schlafen!

B : ああ、それでよく眠れないんだ！

A : Ja genau, das **ist der Grund**.

A : その通り！ それが理由で。

ドイツ語（人）の発想・日本語（人）の発想

■ 日本人は、理由をはっきり言わない場合がありますが、ドイツ人は自分の主張に Begründung（理由づけをする）することを重要視します。また、„Entschuldigung." と謝った後には、必ず理由を添えます。そうでないと謝罪が認められないと考えるようです。

(3) Neues Handy: Mutter und Sohn　新しい携帯電話、母と息子　▶ 37

A : Warum möchtest du ein neues Handy?

A：どうして新しい携帯が欲しいの？

B : Ich brauche es **wegen** meinen Freunden.

B：友達（との連絡）のために必要なんだ。

A : Es ist aber sehr teuer.

A：でも、とても高いわよ。

B : **Ein Grund ist** auch, **dass** ihr mich immer gut erreichen könnt.

B：ママたちが僕に連絡をとれるようにする、という理由もあるけど。

(4) Nicht bestanden (2 Lehrer)　不合格（二人の先生の会話）　▶ 38

A : Warum hat er die Prüfung nicht bestanden?

A：どうして彼は試験に合格しなかったのですか？

B : **Aufgrund** seiner schlechten Leistung in Englisch.

B：英語の成績が悪かったからです。

A : Ach so. Na, da kann man nichts machen.

A：ああ、そうですか。それでは仕方がないですね。

―――ことばコラム―――

【 Sprachgebrauch 】　ことばのトレンド

ドイツ語には、とてもよく似た意味を持つ3つの動詞 beginnen, anfangen, starten があります。ただし、文法的には異なった使われ方をします。

Ich beginne den Tag. 私の1日が始まる。

Ich beginne mit den Hausaufgaben. 私は宿題をし始める。

Ich fange an, meine Hausaufgaben zu machen. 私は自分の宿題をし始める。

Ich starte meine Hausaufgaben. 私は自分の宿題をし始める。

Ich starte mit meinen Hausaufgaben. 私は自分の宿題をし始める。

Ich starte gut in den Tag. 私は1日の良いスタートを切る。

これら3つの動詞のうち、starten は1990年代はじめごろから急に頻繁に使われるようになってきました。

短く反応する

Unglaublich! / Nicht zu glauben!
信じられない！

So ein Zufall!
そんな偶然があるとは！

So ein Glück!
そんな幸運があるなんて！

客観的にコメントする

Ich finde das〔toll / prima / schlimm〕.
私はそれを〔素晴らしい／素敵だ／ひどい〕と思います。

Das fand ich sehr〔angenehm / enttäuschend〕.
私はそれをとても〔好ましい／がっかりな〕ことだと思いました。

Das war sicher〔anstrengend / interessant〕.
それはきっと〔大変だった／面白かった〕ことでしょう。

共感を示す

Das ist wirklich ärgerlich!
それは本当に腹立たしいですね。

So etwas habe ich auch schon einmal erlebt.
そのようなことは私も以前経験しました。

Das ist mir auch schon passiert.
そのようなことは私にも起きました。

Das kann ich gut nachempfinden.
それは私も十分共感できます。

Darüber hätte ich mich auch sehr gefreut.
私も、それは大いに喜んだことでしょう。

解説

- 相手の発言に対する、タイミングの良い適切な反応は、相手に対する丁寧さ、思いやりを表わします。言葉だけでなく、表情や態度などの言語外の反応を伴うことが多く、「あいづち」が良い例です。日本人は「あいづち」をよくうつと言われています。

- so einer / eine / ein … ! で、「そのような…！」と強調する表現ですが、例えば、So ein Pech!「何という災難だ」のように、短く反応を表わす表現として使えます。

- 客観的にコメントをする場合、finden ＋ 人・物の4格 ＋ 様態を示す語句「…を～と思う」がよく使われます。

- 共感を示すということは、自分が相手と同じ立場だったらと考えることであり、この場合、接続法 II 式（非現実の用法）がよく使われます。

  An Ihrer Stelle hätte ich es ähnlich gemacht.
  私があなたの立場だったら、同じようにしたでしょう。

ことばコラム

【 Sprachgebrauch 】　日本語とドイツ語：ラジオ体操

「ラジオ体操」はどのようにドイツ語で表現したらよいでしょう。
翻訳としてまずはシンプルに Radiogymnastik と Fernsehgymnastik を提案します。「ラジオ体操」に相当するような長い伝統を持った放送は、ドイツにもドイツ語圏にもありません。ただ、サブタイトルに „Trimm dich" または „Mach mit" を添えるとよいかもしれません。1970年代ごろに登場した „Trimm-dich-Pfade"（トリム運動小径）はとても人気がありました。Fitness-Parcour と呼ばれるようになった現在でも、大切に使われています。したがって、分かりやすいドイツ語翻訳として次の表現を提案します。

Trimm-dich-Radiogymnastik, Mach-mit-Radiogymnastik,
Fitness-Radiogymnastik

(1) Alter Schulfreund　昔の学友　　▶ 40

A : Gestern habe ich meinen alten Schulfreund getroffen.

A : 昨日、昔の学校の友だちに会ったの。

B : **Das ist ja**[*1] **schön.**

B : 良かったね。

A : Ja, wir haben uns 20 Jahre nicht gesehen.

A : うん、お互いもう20年も会っていなかったの。

B : **Das war sicher eine große Freude!**

B : それはきっと本当にうれしかっただろうね。

(2) Geldbeutel verloren　財布をなくす　　▶ 41

A : Heute morgen habe ich meinen Geldbeutel verloren.

A : 今朝、財布をなくしちゃって。

B : **So ein Pech!** Und was machst du jetzt?

B : ついていないね！ それでどうするの？

A : Ich gehe zum Fundbüro am Bahnhof.

A : 駅の遺失物保管所へ行くわ。

B : **Das ist eine gute Idee.** Viel Glück!

B : それはいい考えだ。幸運を祈っている。

(3) Aufnahmeprüfung bestanden　入学試験に合格する　　▶ 42

A : Hör mal, Satoshi hat die Aufnahmeprüfung für die Uni bestanden!

A : 聞いて、サトシが大学の入学試験に合格したのよ。

B : **Wirklich? Das ist ja**[*1] **unglaublich!**

B : 本当に？ それはまさに信じられないことだね！

A : Ich bin so froh!

A : それはもう嬉しくて。

B : Letztes Jahr ging es mir auch so. **Ja, das kann ich dir gut nachempfinden.**

B : 昨年の私もそうだったよ。うん、君の気持ち本当によくわかる。

(4) Wandern　ハイキングをする　　　　　　　　　　▶ 43

A : Am Wochenende waren wir in Nagano wandern.	A：週末私たちは長野へハイキングに行きました。
B : **Das war bestimmt wunderschön!**	B：それはきっと素晴らしかったでしょう！
A : Es geht. Aber meine Frau hat sich den Fuß verletzt.	A：まあまあでした。でも私の妻は足を怪我しました。
B : **Das ist ja*¹ wirklich unangenehm.**	B：それは本当にひどく大変なことですね。
A : Ja, sie liegt jetzt im Krankenhaus.	A：ええ、彼女は今、入院しています。
B : Wie schlimm! Gute Besserung!	B：それはお気の毒に！ お大事になさってください！

 語彙 と 表現

*1 会話文中に何箇所か、心態詞の "ja" が使われています。驚きなどを表わして、「…じゃないか」「まさに…だ」のような気持ちが加わります。心態詞は、会話の中で使われ、相手との意思疎通に大切な役割を果たすもので、まさしく「相手への反応・共感」を強調する効果があります。

― ことばコラム ―

【 **Wortschatz** 】　gehen / laufen / rennen：地域による違い

前進運動を表す動詞 gehen, laufen, rennen は、この順で移動のスピードが速くなります。この3つの動詞のうち、特に laufen は地域によって使われ方が異なります。

● laufen は gehen と交換可能な場合があります。
　Ich laufe heim. = Ich gehe zu Fuß heim.

● 3つの例文のうち、laufen を含む例文にだけ2つの意味があります。
　Ich laufe jeden Abend eine Runde.（毎晩散歩をしに行く／ジョギングをする。）
　Ich gehe manchmal im Wald laufen.（ときどき森でジョギングをする。）
　Ich jogge am Wochenende um den See.（週末は湖のまわりをジョギングする。）

　　gehen 歩く　　　　　　　laufen 走る、速く前に進む
　　joggen ジョギングする　　rennen 速く走る

会う約束をする、取り決めをする　▶ 44
(etwas ausmachen: eine Verabredung machen, sich verabreden)

時間があるかどうか尋ねる

Hast du〔heute / am …〕Zeit?
〔今日／…日に〕時間がありますか？

具体的に誘う

Gehen wir am Freitag ins〔Kino / …〕?
金曜日に〔映画に／…に〕行きませんか？

Vielleicht können wir morgen Abend in(s) … gehen?
ひょっとして明日の晩、…に行くのはどうですか？

Wollen wir〔zuerst / danach / am Samstagabend〕
… besichtigen?
〔最初に／その後で／土曜日の晩〕…を見ませんか？

Möchtest du vielleicht mitkommen?
いっしょに来たいですか？

Lass(t) uns doch … !　　Lass(t) uns gehen!
…しましょう!　　　　　行きましょう!

Wie wäre es mit … ?　　Wie wäre es mit einem Kaffee?
…するのはどうですか？　コーヒー一杯いかがですか？

時間・場所の取り決めをする

Können Sie am Dienstag um halb acht?
火曜日の7時半は大丈夫ですか？

Passt es dir am〔Abend / Mittwochabend〕?
〔晩／水曜日の晩〕は 大丈夫ですか？

Geht es bei dir am Freitag um 7.30 Uhr?
金曜の7時半はどうですか？

Wollen wir noch einen Treffpunkt ausmachen?
待ち合わせ場所も決めましょうか？

解 説

■ 個人レベルで人と会う約束を取り決めることは、コミュニケーション上とても重要で、以下のような流れがあります。

A) 相手の都合を問う。

A : Sag mal, hast du am Samstag schon etwas vor?
ねえ、土曜日はもう何か予定が入っている？

B) 自分の都合を確かめて、相手からの問い合わせの理由を尋ねる。

B : Am Samstag? Lass mal nachdenken. Ja, ich habe am Nachmittag eine Verabredung mit Monika. Warum denn?
土曜日？ちょっと考えさせて。そうだ、土曜日の午後はモニカと合う約束がある。何で？

A) 都合を尋ねた理由を述べる。誘いに興味があるか、参加したいかどうか、そのイベントの特徴を説明する。

A : Ich möchte mal wieder ins Kino. Kommst du mit? Es läuft gerade der neue Film von XXX.
また映画に行きたいんだけれど。一緒に行く？今、XXXの新しい映画がやっているんだ。

B) 相手の誘いを検討する。都合が合わない場合は、日時の変更を提案する。

B : Ins Kino. Warum nicht. Wie wäre es am Abend? Wir können auch am Freitagabend schon gehen.
映画ね。もちろん。晩はどう？金曜の晩でもいいよ。

A) 日時の提案に反応し、最終的な日程と待ち合わせ時間・場所を取り決める。

A : Nein, das passt nicht so gut.
Samstagabend um 7 am Schillerplatz?
ううん、それはちょっと無理。土曜の晩7時にシラー広場で待ち合わせはどう？

B) 時間と場所を確認し、他にも興味がありそうな人物を挙げる。

B : Okay, alles klar, bis Samstag. Vielleicht kommt Monika mit. Ich frag mal.
うん、わかった、じゃあ土曜日。もしかしたらモニカも来るかも。聞いてみるよ。

実際の会話で、練習しましょう

(1) Kantine*1 oder Café　　食堂か、カフェか　　　　▶ 45

A : **Lass*2 uns doch mal** zusammen zu Mittag essen. **Hast du morgen Zeit?**

A：一緒にお昼ご飯を食べましょう。明日は時間がある？

B : Morgen Mittag in der Kantine?

B：明日のお昼に食堂でということ？

A : Ja, wir treffen uns am Eingang.

A：ええ、入り口で会いましょう。

B : Da ist es zu voll. Wir können doch ins Café Huber gehen.

B：あそこは混んでいるよ。カフェ・フーバーに行こうよ。

A : Kurz nach 12, **geht das?**

A：12時少し過ぎで大丈夫？

B : Einverstanden, bis morgen.

B：わかった、じゃあまた明日。

(2) Etwas zusammen machen　　何か一緒にすること　　　　▶ 46

A : Wir könnten doch mal wieder etwas zusammen machen.

A：また一緒に何かしましょう。

B : Was? In die Berge, ins Museum oder eine Party?

B：何を？　山へ行く？　それとも博物館とかパーティーとか？

A : Kultur. Ich möchte gern in die Picasso-Ausstellung.

A：文化がいい。ピカソの展覧会に行きたいな。

B : Ich weiß nicht. **Wie wäre ein Konzert, Jazz oder so?**

B：どうだろうね。ジャズとかのコンサートとかは？

A : Klingt*3 gut, das geht.

A：それも良さそう。いいね。

B : Ja, das machen wir. Am Samstagabend im Jazzkeller.

B：じゃあそうしよう。土曜日の晩に、ジャズ・ケラーで。

A : Ich möchte dich zum Abendessen einladen. **Wann hast du Zeit?**

A：夕食に招待したいんだけれど。いつ時間がある？

B : Essen wir bei dir zu Hause oder in einem Restaurant?

B：君の家で、それともレストランで？

A : Im Restaurant Alsterbrücke.

A：レストラン、アルスターブリュッケで。

B : Oh, dann am Dienstagabend oder am Freitagabend.

B：だったら、火曜か金曜の晩がいい。

A : Lieber Dienstagabend!

A：火曜の晩の方がいいかも。

B : Gut, danke für die Einladung!

B：わかった。ご招待ありがとう！

*1 Kantine は、会社や工場などの食堂、学食は Mensa と言います。

*2 „Lass(t) uns (または Lassen Sie uns) ... !" で、「…しよう！」「…しましょう！」の意味になります。„Wollen wir ... ?"、„Sollen wir ... ?" と言い換えることができます。

*3 klingen は、「(…のように) 聞こえる」という意味で、口語では、sich⁴ anhören + 状態、でも表わせます。„Das hört sich gut an."（それは良さそうだ）

ドイツ語（人）の発想・日本語（人）の発想

■ 人と会ったり、人を招待する約束は、ドイツ人の方が早めにする傾向があります。期日が迫ると、日本人は再度確認する人が多いですが、ドイツ人はあまりしません。

■ 人から招待された場合、それが公的な場合は特に出欠の返事が期待されています。ドイツではその場合、招待状に、u.A.w.g. (um Antwort wird gebeten)と書かれていることが多いです。

(診察などの) 予約をする

Ich würde gern einen Termin ausmachen. /
Könnten wir bitte einen Termin ausmachen? /
Können Sie mir bitte einen Termin geben?
予約をお願いしたいのですが。

予約の日時の提案

Können Sie am Freitag um 15 Uhr kommen? /
Geht es bei Ihnen am Freitag um 15 Uhr?
金曜日の15時に来られますか？

同意する

Einverstanden.
わかりました。

Ja, das passt mir gut.
ええ、大丈夫です。

Ja, das geht.
ええ、結構です。

Ja gut, machen wir es so.
はい、そうしましょう。

$\leftrightarrow$

謝って、断る

Tur mir leid, das geht
nicht.
すみませんが、無理です。

Ich kann leider nicht.
残念ですが、できません。

Da muss ich arbeiten.
仕事なので。

変更を提案する

Ich möchte den Termin
verschieben.
約束を延期したいのですが。

反応する

Kein Problem!
問題ないですよ！

Ich kann leider nicht.
残念ですが、できません。

Das macht doch nichts.
何でもありません。

解 説

■ 医者や美容院、レストランなどで予約をとる場合（私的、半ば公的）の流れを見ていきましょう。場所は決まっているのですから、詳細に日時を取り決めることが課題になります。

歯医者の予約の例：

・電話を受ける

Praxis Dr. Jensen, Schneider, guten Tag.
イェンゼン診療所ですが、こちらシュナイダーです。こんにちは。

・（かけた人物が）名前を名乗り、電話をかけた目的を言う

Guten Tag, hier ist Hans Meier. Ich würde gern einen Termin ausmachen.
こんにちは。こちらハンス・マイヤーです。予約をお願いしたいのですが。

・電話をかけてきた理由、緊急性を照会する

Gern. Ist es dringend oder zur Kontrolle?
わかりました。急を要しますか、それとも検診ですか？

・緊急性に関して回答する

Zur jährlichen Kontrolle.
毎年の定期検診です。

・可能な期日を尋ねる

Geht es bei Ihnen auch vormittags?
午前中でも来られますか？

・反応する。期日を制限し、提案する

Nein, leider nicht, nachmittags wäre mir lieber.
いいえ、残念ながら。午後の方がいいです。

・一つの、あるいはいくつかの提案をする

Am kommenden Donnerstag um 16 Uhr oder am Freitag um 14 Uhr 30 wäre noch ein Termin frei.
次の木曜日の16時か、金曜の14時半ならまだ空いていますが。

・選択肢の中から選んで回答する

Am Donnerstag um 16 Uhr bitte.
木曜日の16時でお願いします。

・反応し、確認し、必要な書類を述べる

Ja, gern. Um 16 Uhr zur Kontrolle Herr Meier. Bitte bringen Sie Ihre Versichertenkarte mit.
はい、わかりました。16時に検診でマイヤーさんですね。保険証をご持参ください。

実際の会話で、練習しましょう

(1) Am Telefon: Termin Frisör　電話にて、美容院の予約　　▶ 49

A : Salon Anja, Simon am
　　Apparat.

B : Guten Tag, hier Erika Fischer.
　　Kann ich am Donnerstag zum
　　Haare schneiden kommen?

A : Donnerstag, ja gern.
　　Am Nachmittag um zwei,
　　geht das?

B : Ja, **das passt gut.**
　　Danke, bis Donnerstag, auf
　　Wiederhören.

A : Auf Wiederhören, Frau
　　Fischer.

A : アニャ美容院です。電話口に出て
　　おりますのは、ジーモンです。

B : こんにちは、こちらエリカ・
　　フィッシャーです。木曜日に
　　カットに行きたいのですが。

A : 木曜日ですか、はい喜んで。午
　　後2時でいかがでしょう？

B : はい、都合がいいです。ありが
　　とう。では木曜日に。失礼します。

A : 失礼します、フィッシャーさん。

(2) Termin absagen　予約の取り消し　　▶ 50

A : Praxis Dr. Jensen, Zacher,
　　guten Tag.

B : Guten Tag, hier spricht Hans
　　Meier.

A : Guten Tag Herr Meier. Was
　　kann ich für Sie tun?

B : Ich habe am Donnerstag einen
　　Termin um 16 Uhr. **Ich kann
　　leider doch nicht kommen**.

A : **Möchten Sie den Termin
　　verschieben?**

B : **Das geht leider nicht,** weil ich
　　eine Dienstreise machen muss.

A : **Dann möchten Sie den Termin
　　absagen?**

A : イェンゼン診療所ですが、こち
　　らツァッハーです。こんにちは。

B : こんにちは、こちらハンス・マ
　　イヤーです。

A : こんにちは、マイヤーさん。ど
　　うなさいましたか？

B : 私は木曜日の16時に予約しま
　　した。でも申し訳ありませんが
　　行けなくなりました。

A : 予約を延期しましょうか？

B : それは残念ですが無理です。出
　　張をしなければならないので。

A : それじゃあ予約を取り消します
　　か？

B : Ja, bitte. Es tut mir wirklich leid.

B : ええ、お願いします。本当にすみません。

A : Keine Ursache. Melden Sie sich bitte, wenn Sie zurück sind.

A : 問題ありませんよ。出張から戻られたらご連絡ください。

B : **Einverstanden.** Herzlichen Dank. Auf Wiederhören.

B : わかりました。どうもありがとうございます。失礼します。

A : Auf Wiederhören.

A : 失礼します。

■ Termin と Verabredung の違いですが、Termin は、公的な仕事上の「約束」で、例えば医者や美容院などが挙げられますが、日本語ではこの場合「予約」ということになります。Verabredung は、個人が私的に会うための「約束」です。Termin も Verabredung も、動詞は machen「（約束を）する」、ausmachen「取り決める」、vereinbaren「取り決める」、verschieben「延期する」、absagen「取り消す」などを用います。

─ドイツ語（人）の発想・日本語（人）の発想 ─

■ 美容師とお客はお互いを Sie で呼び合っているものの、美容師は自分を名字ではなく名前の方で名乗るなど、お客さんに対して親しく接しようとする態度がうかがわれます。

┌─ ことばコラム ─

[Sprachgebrauch] haben

haben（所有）: besitzen または halten の意味で使われる。

　Ich habe ein Auto. 私は車を所有している。

　（Sind Sie der Halter dieses Wagens?）

　Ich habe einen Hund. 私は犬を飼っている。

　（Ich halte einen Hund. Ich bin (ein) Hundehalter.）

haben（関係）

　Ich habe einen Bruder. 私には兄弟がいる。

haben（コロケーション、機能動詞構造）

　Ich habe frei. 私は休みである。／ Ich habe Zeit. 私は時間がある。

　Ich habe Angst. 私は不安である。

会話を始める

Hallo, ... / Wie geht's?
やあ、…／元気？

Guten Tag, ...
こんにちは、…

Sagen Sie mal, ... / Sag mal,
あのう、…

Entschuldigung, ...
すみませんが、…

Entschuldigen Sie (bitte), ... / Entschuldige (bitte), ...
すみませんが、…

Bitte, ...
どうか、…

質問をする

Darf ich Sie etwas fragen?
質問してもいいですか？

Ich hätte (noch) eine Frage an〔Sie / dich〕.
質問があるのですが。

Ich würde gern wisssen,
〔wer / was / wann / wo /
wie / ob〕 ... .
〔誰が／何が／いつ／どこで／
どう／…かどうか〕知りたいの
ですが。

↔

確認のために質問する

Wie meinen Sie das?
どういう意味ですか？

Habe ich Sie richtig verstanden?
私はあなたを正しく理解しまし
たか？

Können Sie das bitte wiederholen?
繰り返していただけますか？

Wie heißt das auf Englisch?
英語で何と言いますか？

Können Sie mir das genauer erklären?
詳しくご説明いただけますか？

Meinen Sie damit, dass...?
それは、…という意味ですか？

相手の会話の途中に発言する

Da muss ich mal einhaken.
この点ではひとこと言わせていただかないと。

相手の発言をさえぎる

Darf ich bitte ausreden?
最後まで言わせてください。

Darf ich bitte zu Ende sprechen?
最後まで話してよろしいですか?

解説

■ 会話の段階ごとに、会話を続けていくストラテジーを以下にまとめます。Sieの関係か、duの関係かによって異なる点に注意してください。

1) 会話を開始する

Sie	du
Guten Tag!	Hallo!
Wie geht es Ihnen?	Wie geht's?
Guten Tag,	Hallo,
Entschuldigen Sie,	Entschuldige,
Entschuldigung,	
Bitte,	
Äh,	
Sagen Sie mal,	Sag mal,
Darf ich Sie etwas fragen?	Darf ich dich etwas fragen?
Stellen Sie sich vor,	Stell dir vor,
Haben Sie schon gehört,	Hast du schon gehört,
Können Sie mir sagen,	Kannst du mir sagen,
Wissen Sie,	Weißt du,

2）情報を求める

Sie	du
Wissen Sie, …	Weißt du, …
Können Sie mir sagen, …	Kannst du mir sagen, …
Darf ich Sie etwas fragen?	Darf ich dich etwas fragen?

wie viel Uhr es ist?

wo der nächste Bankautomat ist?

ob hier eine Post in der Nähe ist?

3）質問をする、会話に積極的に参加する

Sie	du
Was heißt das? / Was bedeutet das? どういう意味ですか？	
Was heißt das für Sie?	Was heißt das für dich?
Was heißt das in der Situation (in dem Zusammenhang?)	
Was soll das heißen? / Was soll das bedeuten?	
Können Sie das erklären?	Kannst du das erklären?
Können Sie dafür ein Beispiel nennen?	Kannst du dafür ein Beispiel nennen?
Gibt es dafür ein Beispiel? 例がありますか？	

4）会話を引き継ぐ（ターン・テイキングする）

Sie	du
A: … XXX. – B: XXX? …	
Sie haben XXX gesagt. …	Du hast XXX gesagt. …
Sie haben XXX erwähnt. …	Du hast XXX erwähnt. …
Das habe ich auch schon einmal erlebt. …	
Genau. Das finde ich auch.	
An dem Punkt möchte ich anschließen. … その点に付け加えると…	
〔 Den Punkt (Faden) / Diese Idee 〕 möchte ich aufnehmen. …	
Den Faden möchte ich weiterspinnen. … その話の流れを続けると…	

5) 照会する, 理解したかどうか確かめる

Sie	du
Was meinen Sie damit?	Was meinst du damit?
Sie sagten XXX. Ist das richtig?	Du sagtest XXX. Ist das richtig?
XXX. Haben Sie das so gemeint?	XXX. Hast du das so gemeint?
Habe ich das richtig verstanden?	

6) 反応する

Sie	du
Wirklich?	Echt?
Ach so.	
Das ist ja〔gut / schön / schlimm〕.	

7) 会話を終わらせる

Sie	du
Ich danke Ihnen für das Gespräch.	Ich danke dir für das Gespräch.
Danke, das war ein gutes Gespräch.	
Es tut mir leid, das Gespräch hier abzubrechen.	
Leider habe ich jetzt einen Termin / eine Verpflichtung.	
Entschuldigung, mein Hund wartet.	
Wir müssen uns unbedingt mal wieder unterhalten/treffen.	

＊ Sie や du という主語を使わないと、中立的で公的な、仕事上の会話のようなニュアンスがします。

＊ ことばコラム ＊

〖 Sprachgebrauch 〗 Spaß, lustig

Spaß machen (a) 楽しい、(b) 冗談を言う; Spaß haben 楽しい

Das macht (mir) Spaß. Das ist lustig. それは楽しい。愉快だ。

Ich mache Spaß. 冗談を言う。

Ich habe Spaß. 楽しい。

lustig sein おもしろい – sich lustig machen からかう

Das ist lustig (für mich). それはおもしろい。

Er macht sich über seine Schwester lustig. 彼は自分の妹をからかう。

(1) einen Bekannten treffen (Begrüßung, wie geht's?)

知り合いと会う（挨拶、元気ですか？）　　　　　　　　　　▶ 52

A : Ah, guten Tag! **Wie geht es Ihnen?**	A：あっ、こんにちは！ お元気ですか？
B : Danke gut, **und Ihnen?**	B：ありがとう、元気です。あなたは？
A : Auch gut, danke. **Was machen Sie denn so?**	A：私も元気です、ありがとう。それで今何をなさっているのですか？
(weiterführen des Gesprächs)	（会話を先に進める）
B : Im Augenblick arbeite ich in einer Bank. **Und Sie?**	B：今は銀行で働いています。あなたは？
A : Ich bin immer noch beim Steueramt. Sind Sie zufrieden?	A：私は今も税務署で働いています。仕事には満足していますか？
B : Ja, die Kollegen sind nett und die Arbeit ist interessant. **Und bei Ihnen?**	B：ええ、同僚は親切ですし、仕事も面白いです。で、あなたは？
(Themawechsel zu privat)	（テーマをプライベートに変える）
A : Es geht, nichts Neues. Aber privat. Meine Tochter heiratet.	A：まあまあです。特に新しいことはありません。でも私事ですが、娘が結婚します。
B : Das ist ja erfreulich! Wo werden Sie feiern?	B：それは嬉しいですね。どこで式をあげるのですか？
A : In der Johannis-Kirche.	A：ヨハニス教会です。
B : Oh, wie schön, ganz in weiß[1]. **Und wann?**	B：それは素晴らしい。教会で挙げるのですね。いつですか？
(Ende einleiten)	（会話の終了を導く）
A : Im Mai. Oh, entschuldigen Sie, **ich muss weiter (gehen).**	A：5月です。あっ、ごめんなさい。もう行かなくては。
B : Ja, klar. **Es war schön, Sie wieder zu sehen.** Alles Gute!	B：ええ、もちろんです。お会いできて良かったです。お元気で！

A : **Schau mal**, die Tasche!
　　Wie findest du sie?

A：見て、あのカバン！ あれどう思う？

B : Die rote oder die schwarze?

B：赤いの、それとも黒の方？

A : Die kleine, rote Tasche.

A：小さくて赤いカバン。

B : Nicht besonders. Aber da, die
　　schwarze Tasche sieht gut aus.

B：特に何も。でもあの黒いカバンは素敵だね。

(Wechsel von sehen zu beschreiben)

（観察から描写へと変わる）

A : Die Tasche ist aber zu teuer.
　　Was für eine Tasche möchtest
　　du?

A：あのカバンはでも高すぎるわ。どんなカバンが欲しいの？

B : Eine kleine, praktische Tasche.

B：小さくて便利なカバン。

A : Hm, komm, wir schauen mal
　　in dem Geschäft dort.

A：ふうん、来て、あそこのお店をちょっとのぞいてみましょう。

 語彙 と **表現**

*1 ganz in weiß というのは、全身が真っ白のウエディングドレスで、「教会で結婚式を挙げる」ということを意味しています。

ドイツ語（人）の発想・日本語（人）の発想

■ 会話を進めるストラテジーに関しては、特に文化的な違いはなく、むしろ共通点が多いようです。

ことばコラム

【 Wortschatz 】　Tasche

Tasche (1) かばん、(2) ポケット

Handtasche ハンドバッグ、Taschentuch ハンカチ、Taschenlampe 懐中電灯、
Taschenrechner 電卓

頼みごとをする（um etwas bitten） ▶ 54

許可を求める

Kann ich ... ? / Darf ich ... ?
…できますか？／…してもいいですか？

Könnte ich ... ? / Dürfte ich ... ?
…してもよろしいでしょうか？

Ist es möglich, ... zu ～ ?
～することはできますか？

Wäre es möglich, ... zu ～ ?
～することは可能でしょうか？

手助けを求める

Helfen Sie mir! / Hilf mir!
助けて！

Bitte, helfen Sie mir! / Hilf mir bitte!
お願い、助けて！

〔Könnten / Würden〕Sie mir (bitte) helfen?
助けていただけますか？

〔Könntest / Würdest〕du mir (bitte) helfen?
助けていただけますか？

Haben Sie einen Moment Zeit?
ちょっとお時間がありますか？

Können Sie mir bitte einen Gefallen tun?
一つお願いがあるのですが。

手助けを申し出る

Was kann ich für Sie tun?
私に何ができますか？

(Wie) kann ich Ihnen helfen?
私に（どのような）お手伝いができますか？

Soll ich Ihnen helfen?
お手伝いしましょうか？

情報を求める

Ich möchte gern wissen, 〔wann / wo / ob … 〕.
〔いつ／どこで／…かどうか〕知りたいのですが。

〔Können Sie / Kannst du〕 mir bitte sagen, 〔wann / wo / ob … 〕?
〔いつ／どこで／…かどうか〕言っていただけますか。

解説

■ 頼みごとをする場合、相手にもよりますが、やはり丁寧な表現を使うことが多くなります。bite を付けるだけでも丁寧な表現になりますが、話法の助動詞（können など）を使った疑問文の形「…できますか？」、とりわけ接続法 II 式（könnten）「（よかったら）…できますでしょうか？」を使えば、婉曲的で丁寧な表現になります。

ことばコラム

〔 Sprachgebrauch 〕 machen

(1) machen（anfertigen 作る、basteln 工作する）

Ich mache einen Pullover. セーターを編む。
Ich mache einen Kuchen. ケーキを焼く。

(2) machen（erledigen する）

Ich mache die Hausaufgaben. 宿題をする。
Ich mache das. 私がそれをする。／ Ich erledige das. 私がそれをしておく。
Ich kümmere mich darum. 私がそれの面倒を見る。
Ich muss noch Einkäufe erledigen. まだ買い物をしなきゃ。
Ich muss noch etwas erledigen. まだ仕事がある。

実際の会話で、練習しましょう

A. 手助けを求める

(1) Am feinen Tisch　上品な雰囲気の食卓にて　▶ 55

A : Würden Sie mir bitte die Butter reichen?

A：バターを取っていただけますか。

B : Ja, gern. Hier bitte sehr.

B：ええ、喜んで。どうぞこれを。

A : Sehr freundlich. Danke schön.

A：大変ご親切に。どうもありがとうございます。

B : Bitte schön. Gern geschehen.

B：どういたしまして。喜んで。

(2) Der Automat　自動販売機　▶ 56

A : Entschuldigung, ich weiß nicht, wie der Automat funktioniert. **Können Sie mir bitte behilflich sein?**

A：すみません。この自動販売機の使い方がわからないのですが。お手伝い願えますか？

B : Tut mir leid. Da kann ich Ihnen nicht helfen. Vielleicht jemand anderes.

B：すみません。私にはできません。誰か他にいるのでは。

A : Danke schön. Das tut mir leid, dass ich Sie belästigt habe.

A：ありがとう。ご面倒をおかけして申し訳ありません。

B : Keine Ursache.

B：どういたしまして。

B. 手助けを申し出る

(1) Kinderwagen　ベビーカー　▶ 57

A : **Soll ich Ihnen mit dem Kinderwagen bei der Treppe helfen?**

A：ベビーカーで階段を上り下りするのを、お手伝いしましょうか？

B : Oh, das wäre sehr nett. Die Kleine ist gerade eingeschlafen.

B：あら、それはとてもご親切に。娘はちょうど寝てしまっています。

A : Keine Ursache. Das mache ich gern. Ich nehme den Wagen hier unten.

A：お気になさらないでください。喜んでお手伝いしますよ。私が下を持ちますから。

B : Ja, gut. Vielen Dank, **das ist wirklich sehr aufmerksam von Ihnen.**

B：ええ、わかりました。どうもありがとうございます。お気遣い本当にありがとうございます。

ことばコラム

【 Wortschatz 】 子どもの世話をする

Kindererziehung 幼児教育

zahnen 乳歯が生える

Mit 8 bis 10 Monaten fangen Kinder zu krabbeln an.
8～10ヶ月ではいはいを始める。

Wenn sie die ersten Schritte gehen, kann man sie an die Hand (an der Hand) nehmen. 最初の数歩を歩いたら、手を引いてあげましょう。

Manchmal möchten die Kinder lieber auf den Arm genommen werden／lieber auf dem Arm getragen werden. 子どもたちは抱き上げられる／腕に抱っこされるほうが好きなときもあります。

Die Kinder sitzen auch gern bei den Eltern auf dem Schoß. 子どもたちは両親の膝に座るのが好きです。

den Kinderwagen schieben 乳母車を押す

im Tragetuch tragen 抱っこ紐（布）で抱っこする

das Baby in der/mit der Babytrage tragen 赤ちゃんを抱っこ紐（ベルト）で抱っこする

das Baby auf dem Rücken tragen おんぶする

das Kind im Kindersitz mitnehmen 子どもをチャイルドシートに乗せる

C. 情報を求める

(1) Trossenfurt　トロッセンフルト　　　　▶ 58

A : **Sag mal, weißt du, wo Trossenfurt liegt?**

A：ねえ、トロッセンフルトがどこにあるか、知っている？

B : Trossenfurt? Nein, tut mir leid. Das habe ich noch nie gehört.

B：トロッセンフルト？ ううん、すまないけれど。一度も聞いたことがないね。

A : Schade.

A：残念ね。

要請する

Könnten Sie bitte mal kommen?
ちょっと来ていただけますか？

Es wäre nett, wenn Sie auf mein Gepäck aufpassen würden.
私の荷物を見張っていてくださるとありがたいのですが。

Würde es dir etwas ausmachen, morgen bei mir
vorbeizukommen?
面倒でなければ、明日、私のところへ寄ってくれませんか。

命令する

Komm (bitte) sofort!
すぐに来てください！

Ruf mich doch bitte zurück!
電話をかけ直してください。

Seien Sie so nett und holen Sie mich bitte vom Bahnhof ab!
すみませんが、駅まで迎えに来てください。

Sei so lieb und leih mir 10 Euro aus!
すまないけど、10ユーロ貸してちょうだい。

注意をうながす・声をかける

Sehen Sie mal! / Sieh mal! / Guck mal!
ちょっと見てください！／ちょっと見て！

Hören Sie mal! / Hör mal!
ねえ、（聞いてください）！／ねえ、（聞いて）！

Schlaf gut!
おやすみなさい。

Bleiben Sie gesund!
お元気で。

解 説

- 【会話のパターン9.】で取り扱った「頼み」(Bitte)と、ここで扱う「要請」
(Aufforderung)、「命令」(Befehl)の違いを以下の表にまとめてみました。

Bitte（頼み）	Aufforderung（要請）	Befehl（命令）
indirekt 間接的		direkt 直接的
		Kommen! Alle kommen!
Komm bitte! Bitte, kommen Sie!		Komm! Kommen Sie!
Bitte, kommst du? Kommen Sie bitte?	Kommst du? Kommen Sie?	
Kannst du bitte kommen? Können Sie bitte kommen?		
Könntest du bitte kommen? Könnten Sie bitte kommen?		
Würdest du bitte kommen? Würden Sie bitte kommen?		

- 「命令」は、いわゆる命令形を使うのが基本です。「要請」と「命令」の違いはイントネーションで、前者は上昇、後者は下降イントネーションをとります。書き言葉では区別されません。

- 「頼み」か「要請」か「命令」かは、丁寧さと状況によって変わります。

ことばコラム

【 Wortschatz 】 余暇と趣味：spielen

Spiele spielen ゲームをする
Karten spielen トランプをする
Schach spielen チェスをする
„Mensch ärgere dich nicht" spielen
　ゲーム „Mensch ärgere dich nicht"をして遊ぶ
im Internet surfen ネット検索する
Videospiele, Computerspiele spielen （コンピューター）ゲームをする
mit der [ゲーム名] - Konsole spielen ○○のリモコン/コントローラで遊ぶ

実際の会話で、練習しましょう

(1) Hilfe im Haushalt　家事の手伝い　▶ 60

A：**Komm mal!**

A：ちょっと来てちょうだい。

B：Was ist denn?

B：いったい何？

A：Das Geschirr*1 ist nicht gespült!

A：食器が洗ってないわ。

B：Oh, das habe ich total vergessen! Entschuldigung.

B：おや、すっかり忘れていた。ごめん。

(2) Im Büro　オフィスにて　▶ 61

A：Frau Becker, **würden Sie bitte mal kommen?**

A：ベッカーさん、ちょっと来てもらえますか？

B：Ja, gleich.

B：はい、ただ今。

A：**Könnten Sie mir bitte sagen, was das hier ist?**

A：これが何だか、言ってもらえますか？

B：Äh, ein Brief.

B：ええっと、手紙です。

A：Ein Brief soll*2 das sein? Könnten Sie ihn bitte neu schreiben? Es gibt viele Fehler.

A：これが手紙ですって？　間違いが多いので、もう一度書き直してもらえませんか。

B：Selbstverständlich.

B：もちろんです。

(3) Anrufbeantworter　留守番電話　▶ 62

A：Hallo, hier ist Martin. – Ah, du bist wohl nicht zu Hause. – Also, morgen treffen wir uns um 14 Uhr am Café Neumann. Kommst du? – **Ruf mich bitte heute noch an.** Tschüs.

A：もしもし、マルティンだけど ― あっ、たぶん君は今外出中なんだね ―あの、明日僕たちはカフェ・ノイマンで14時に集まるんだけれど。来る？　―今日中に電話してね。じゃあね。

A : Darf ich bitten?*³ **Würden Sie mit mir den Walzer tanzen?**

A：私と踊ってくださいませんか？
ワルツを踊ってもらえませんか？

B : Ja, sehr gern.

B：ええ、喜んで。

A : Bitte. (Bietet den Arm an.)

A：どうぞ（と言って腕を差し出す）。

*1 Geschirr（食器）は、spülen（洗う）、abspülen（すすぎ洗いする）、abtrocknen（拭く）といった動詞と結びつきます。ちなみに Wäsche waschen（洗濯をする）、Fenster putzen（窓を拭く）、Boden putzen（床を掃除する）、Zimmer aufräumen（部屋を片付ける）、Zimmer mit dem Staubsauger saugen / Zimmer staubsaugen（部屋に掃除機をかける）、Tisch abwischen（机を拭く）のように、さまざまな掃除の表現があります。

*2 この場合の話法の助動詞 soll は、疑念を表わしています。

*3 „Darf ich bitten?" というのは、ダンスを申し込む時の決まった言い方です。

ドイツ語（人）の発想・日本語（人）の発想

■ ドイツ語の「要請」と「命令」の違いは、イントネーションにあると述べましたが、日本語も同様です。日本語では、「要請」の場合は「…してください（ませんか？）」が、「命令」は「…なさい」が相当するでしょう。

ことばコラム

[Sprachgebrauch]　ドイツ語、英語、見せかけ英語

ドイツ語には、英語由来の外来語（jobben, der Job など）に加え、英語のように見えて英語圏では使われず、ドイツでのみ使われている、いわゆる見せかけ英語（das Handy, der Hometrainer, der Showmaster など）があります。ちょうど日本の和製英語（washlet など）に似ています。

第1部 ● 定型表現

第2部 ● 会話のパターン

第3部 ● 日本のことをドイツ語で説明する

助言する（Ratschläge geben）

► 64

助言を求める

Wohin sollte ich in (den) Urlaub fahren?
休暇はどこへ行ったらよいでしょうか？

Können Sie mir etwas raten?
助言していただけませんか？

Würdest du mir einen Urlaubsort empfehlen?
休暇先を勧めてくれる？

Hast du einen Tipp für mich?
私に助言がある？

Was rätst du mir bei Heuschnupfen?
花粉症にはどうしたらいい？

助言を与える

Du solltest ... . / Du könntest ... .
…するべきです／…できます。

Wie wäre es mit ... ?
…はどうですか？

An deiner Stelle würde ich ... .
君の立場なら…します。

Das würde ich jedem empfehlen.
誰にでもそう勧めます。

Besonders empfehlenswert ist ... .
特にお勧めは…。

... dürfen Sie auf keinen Fall verpassen.
…は絶対に逃してはいけません。

助言に従う

Danke, das ist ein guter Hinweis.
ありがとう、それは良いご指摘です。

助言に控えめに反論する

Und das ist gut (so)?
それで大丈夫なのですか？

Also, ich weiß nicht. Das hört sich ja nicht so toll an.
ええっと、よくわかりません。あまり良くなさそうですが。

Ist das nicht eher〔 langweilig / uninteressant 〕?
それはむしろつまらないのではないですか？

解 説

■ 助言を与える場合も、やはり控えめな態度をとることが多いので、接続法Ⅱ式がよく使われます。

ーことばコラムー

【 **Wortschatz** 】 新語彙 Mund-Nasenschutz と AHA+L-Regel

日本では以前からマスクが使われています。特に春はスギ花粉が飛び、多くの人々が花粉症になる季節なのでよく使われます。新型コロナ感染症が拡大してから、ドイツやヨーロッパでもマスクという表現が使われるようになりました： einen Mund-Nasenschutz bzw. einen Nasen-Mundschutz tragen, eine Maske tragen.

ドイツでは、AHA+Lルールがその理由です。

A = Abstand halten ディスタンスをとり、

H = Hygiene (Hände waschen) 手指消毒をし、

A = Alltagsmaske tragen 日常的にマスクをし、

+L = Lüften 換気を心がける。

会話例 実際の会話で、練習しましょう

(1) Geschenk　贈り物　　　　　　　　　　　▶ 65

A : Ich suche ein Geschenk für meinen Bruder zum Geburtstag. **Kannst du mir etwas empfehlen?**

A : 私の兄の誕生日プレゼントを探しているんだけれど。何かお勧めがある？

B : Wie viel möchtest du denn ausgeben*1? **Wie wäre eine CD?**

B : 予算はどのくらい？ CDなんかどう？

(2) Deutschlandreise　ドイツ旅行　　　　　　▶ 66

A : Nächsten Monat mache ich endlich eine Reise nach Deutschland!

A : 来月、ついにドイツへ旅行するの。

B : Wie schön! **An deiner Stelle würde ich** unbedingt Schloss Neuschwanstein besichtigen. **Das würde ich jedem empfehlen.**

B : 素敵だね！ 私が君だったら、絶対にノイシュバンシュタイン城へ行く。誰にでもお勧めする。

(3) Schnupfen　鼻風邪　　　　　　　　　　　▶ 67

A : Ich habe oft Schnupfen. Weißt du, was man da machen kann?

A : よく鼻風邪をひくんだけれど。どうしたらいいか、知ってる？

B : **Vielleicht solltest du Zwiebeln essen.** Magst du Zwiebeln?

B : 玉ねぎを食べたら？ 玉ねぎは好き？

A : Nein, nicht so.

A : ううん、あまり好きじゃない。

ことばコラム

【 Wortschatz 】 schnell

sich beeilen 急ぐ、schnell machen 急ぐ、
die Beine in die Hand nehmen 一目散に走る、
im Handumdrehen あっという間に

A : **Kannst du mir einen Tipp geben?**

B : Wofür denn?

A : Ich möchte mir einen neuen Computer kaufen. Welche Marke ist denn gut?

B : Es kommt nicht nur auf die Marke an. Wie viel Geld möchtest du denn anlegen[*1] ?

A : Nicht mehr als 1000 Euro.

B : **Dann würde ich dir ABC oder BCA empfehlen.**

A : Und die sind gut?

B : Die haben die besten Testergebnisse[*2].

A : **Danke für deinen Rat!**

A : アドバイスをお願いできるかしら？

B : 何の？

A : 新しいコンピューターを買いたいんだけれど。どのメーカーがいいかな？

B : メーカーだけが問題じゃないんだ。どのくらいの予算があるの？

A : 1000ユーロ以下で。

B : だったら、ABCかBCAをお勧めするよ

A : それで、性能はいいの？

B : 一番いいテスト結果がでているよ。

A : 助言ありがとう。

 と 表現

*1 「お金を支出する」のは、Geld ausgeben ですが、大きな出費の場合は比喩的に、Geld anlegen / investieren のように、「お金を投資する」とも言えます。

*2 Testergebnis とは、さまざまな製品をテストした結果のことで、ドイツ人は買い物の際にまず参考にします。

ドイツ語（人）の発想・日本語（人）の発想

■ „einen〔Rat / Tipp〕geben“（助言する）ことは、ドイツ人ではよくあることですが、日本では助言をする時は、傲慢な態度にならないよう、気を遣うものです。また日本人は、具体的なアドバイスはあまりしないようです。「がんばって」のような一般的な励ましはできても、具体的な助言は頼まれないかぎり控えるようです。

規則を述べる

Hier darf man〔rauchen / nicht rauchen〕.
ここで煙草を〔吸ってもいいです／吸ってはいけません〕。

Hier müssen Sie die Schuhe ausziehen.
ここでは靴を脱がなければなりません。

Sie sollen nicht so laut sein.
そんなに騒ぐべきではありません。

Sie sollten besser nicht allein ausgehen.
一人で出かけない方がいいですよ。

Hier braucht man keinen Ausweis vorzuzeigen.
ここでは証明書を提示する必要はありません

Das ist〔erlaubt / nicht erlaubt〕.
それは〔許可されています／許可されていません〕。

Das ist〔verboten / nicht verboten〕.
それは〔禁止されています／禁止されていません〕。

規則に従う

Ja, klar.
ええ、もちろん。

Einverstanden.
わかりました。

Das habe ich übersehen.
見落としていました。

Tut mir leid.
失礼しました。

Oh, Entschuldigung.
ごめんなさい。

Bitte, entschuldigen Sie.
申し訳ありませんでした。

> 規則についてコメントする
>
> Das lehne ich ab.
> それは受け入れられません。
>
> Das finde ich 〔 fair / unfair 〕.
> それは〔公平／不公平〕だと思います
>
> Sie haben kein Recht, mir diese Anweisung zu geben.
> 私にそのような命令をする権利はあなたにありません。

解 説

- 規則とは、明示的あるいは暗示的に示される基準です。許可、規則、法律、禁止事項などとして表現されます。

- 話法の助動詞がよく用いられます。dürfen（〜してもよい、許可）、nicht dürfen（〜してはいけない、禁止）、müssen（〜しなければならない、義務）、nicht müssen（〜する必要はない、不必要。場合によっては禁止を表わす）、sollen（〜するべきだ、主語に対する他者の意志）、sollten（sollenの接続法II式、〜するべき、〜するべきなのだが）。

- 一般的に通じる規則については、man（人は）を主語にした表現を用います。

こ と ば コ ラ ム

〖 Sprachgebrauch 〗 余暇の過ごし方に gehen で変化を

余暇活動を表現するとき、しばしばgehenを用いて表現に変化をつけることができます。最初に学ぶ定型表現(Ich turne gern. Mein Hobby ist Turnen.など)とは一味違う言い回しが可能です。例を挙げてみましょう。

Ich schwimme gern. 私は泳ぐのが好きです。
　→Ich gehe gern schwimmen / zum Schwimmen.
　　私は泳ぎに行くのが好きです。

Ich mache jeden Morgen Gymnastik. 私は毎朝体操をします。
　→Ich gehe einmal pro Woche zur rhythmischen Gymnastik.
　　私は週1回リズム体操をしに行きます。

会話例 実際の会話で、練習しましょう

（1a）Hände waschen 　手を洗う ▶ 70

A : Essen! Kommst du?	A：食事よ！来て。
B : Jaa.	B：はーい。
A : Hast du deine Hände gewaschen?	A：手を洗った？
B : Nein. Warum?	B：うぅん。何で？
A : **Man soll (sich) vor dem Essen die Hände waschen.**	A：食事の前には手を洗うのよ。

（1b）Hände waschen 　手を洗う ▶ 70

A : Das Essen ist fertig! Kommst du?	A：食事ができましたよ。来て。
B : Ja, gleich. Ich komme.	B：は〜い。すぐ行くよ。
A : Hast du dir die Hände gewaschen?	A：手は洗ったの？
B : Nein, noch nicht.	B：うぅん、まだ。
A : Wasch dir bitte die Hände vor dem Essen.	A：食事の前に手を洗いなさい。

（2）Schild 　看板 ▶ 71

A : **Hier darf man nicht rauchen!**	A：ここで煙草を吸ってはいけません。
B : Wer sagt das?	B：誰がそう言っているんですか？
A : Hier ist ein Schild. Siehst du: „Nichtraucher[*1]“.	A：ここに看板があります。ご覧なさい、「禁煙」です。
B : Oh, das habe ich nicht gesehen.	B：おや、それは見落としていました。

(3) Fotografieren　写真を撮る　　　　　　　▶72

A : **Darf ich hier fotografieren?**

A：ここで写真を撮ってもいいです
か？

B : **Ja, das geht. Aber ohne Blitz
bitte!**

B：はい、大丈夫ですよ。でも、フ
ラッシュを使わないでください。

A : **Darf man auch das Innere
fotografieren?**

A：それから、内部の写真を撮って
もかまいませんか？

B : **Nein, das darf man nicht. Und
Sie sollen sich innen ruhig
verhalten.**

B：いいえ、だめです。そして中に
入ったら静かにしてください。

(4) Parkplatz suchen　駐車場を探す　　　　　　▶73

A : **Wo kann man hier parken?**

A：ここではどこに車を駐められま
すか？

B : **Da vorne gibt es einen
Parkplatz.**

B：前方に駐車場があります。

A : **Was passiert, wenn man hier
auf der Straße parkt?**

A：もしこの通りに駐車したらどう
なりますか？

B : **Dann muss man (ein) Bußgeld
bezahlen.**

B：罰金を払わなければなりません。

 語彙 と 表現

*1「禁煙」の表示は、„Nichtraucher"とか„Rauchen verboten"、あるいは
„Rauchverbot"とも記されます。ドイツでも公の場所での禁煙、分煙は
厳しく守られています。

> ドイツ語（人）の発想・日本語（人）の発想

■ 日本に比べてドイツでは、注意事項や禁止事項の書かれた看板が公の場所
（駅や電車内、公園、お店など）に目立つように思います。外国人が日本よ
りはるかに多いこともあり、時にはドイツ語だけでなく、数か国語で書か
れたものがあります。ドイツでは何か公に意志を表わす時にはschriftlich
（書面で）が求められます。看板等が多いのも、その表われでしょう。看板
に書かれている内容は、「利用する人にとって周知の事実」と捉えられます。

誰かを納得させる

〔Probier / Versuch〕das doch mal.
やってみたら。

Sieh das doch〔positiv / nicht so negativ〕.
ポジティヴに考えなさい。／そんなにネガティヴに考えないで。

Das lohnt sich bestimmt.
それはきっとやる価値があるでしょう。

Glaub mir. Das ist mal etwas〔anderes / Neues / Besonderes〕.
私を信じて。それはちょっと〔別なこと／新しいこと／特別なこと〕だから。

確信していることを表明する

Ich bin davon überzeugt, dass ... .
…ということを確信しています。

Meiner Überzeugung nach ... .
私の確信によれば、…。

Ich zweifle nicht daran, dass ... .
…ということを疑う余地はありません。

Die Sache ist ganz einfach.
事態はいたって簡単です。

Dazu gibt es keine Alternative.
他に選択の余地はありません。

Ich halte Ihre Aussage für überzeugend.
私はあなたの意見に納得しています。

解説

- „Ich **weiß**, dass das der richtige Weg ist", と言う場合は、話者が情報を持っているかすでに経験があって、主張の正しさを保証しています。
- „Ich **denke** (**glaube**), dass das der richtige Weg ist", と言う場合は、話者は推測で述べています。主張が正しいかどうかの責任は負っていません。
- „Ich bin überzeugt, dass das der richtige Weg ist", と言う場合は、話者は直感で正しいと信じているだけで、正確にはわからない場合もあります。話者はその後の成り行きに責任をとります。

―――ことばコラム―――

【 Sprachgebrauch 】 コロケーション：余暇とスポーツ

多くのスポーツ種目には独自の動詞表現があります。

例：schwimmen 泳ぐ、reiten 乗馬する、laufen 走る/ウォーキングする、kegeln ボーリングする、tauchen ダイビングする、turnen 体操する、rudern ボートを漕ぐ、surfen サーフィンする

動詞 machen および spielen はスポーツをする表現によく使われます。ときどき treiben が使われることもあります。球技では一般的に spielen が用いられます。例を表にして挙げてみましょう。

名詞	動詞1	動詞2	動詞3	動詞4
Fußball	spielen			
Tennis	spielen			
Tischtennis	spielen			
Baseball	spielen			
Federball	spielen			
Turnübungen		machen		
Sport		machen	treiben	
Gymnastik		machen	treiben	
Karate		machen	(treiben)	
Judo		machen	(treiben)	
einen Handstand		machen		
Yoga		machen		
Ballett		machen		(tanzen)

その他：Spiele spielen ゲームをする、Karten spielen トランプをする、Schach spielen チェスをする

A. 誰かを納得させる

(1) Joggen　ジョギング　　▶ 75

A : Wie findest du Joggen?

A : ジョギングをどう思う？

B : Joggen gefällt mir nicht.

B : ジョギングは好きじゃないな。

A : Warum denn? Joggen ist sehr gut für die Gesundheit.

A : 何で？ ジョギングはとても健康にいいのよ。

B : Das ist langweilig, nur laufen.

B : 退屈さ、走るだけだし。

A : Aber du bist in der Natur. Und du kannst Freunde treffen.

A : でも、自然の中にいるのよ。友達にも会えるし。

B : Meinst du? Wo gehst du Joggen?

B : そうなの？ どこでジョギングしているの？

A : Ich laufe einmal pro Woche im Park. Kommst du mit, am Donnerstagabend?

A : 週に一回、公園を。木曜日の晩、一緒に行く？

B : Ja, gut, ich probiere es einmal.

B : わかったよ、一度やってみるよ。

A : Super! Bis Donnerstag.

A : それはすごい！ じゃあ、木曜日に。

(2) Redewettbewerb　スピーチコンテスト　　▶ 76

A : Möchten Sie nicht an diesem Redewettbewerb teilnehmen?

A : このスピーチコンテストに参加したくありませんか？

B : Mir fehlt das Selbstvertrauen. Ich traue mir das einfach nicht zu.

B : 自信がありません。そのような能力はないと思います。

A : **Denken Sie bitte positiv. Probieren Sie das einfach.**

A : どうかポジティヴに考えて、やってみてください。

B. 確信していること

(1) Der richtige Weg 正しい道 ▶ 77

A: **Ich bin überzeugt, dass** das der richtige Weg ist.

A：私はきっとこの道が正しいと思う。

B: Aber auf dem Plan ist noch ein Weg eingezeichnet.

B：でも地図にはもう一つの道が書かれているけど。

A: Vielleicht ist der Plan falsch.

A：たぶん、その地図は間違っているかもしれない。

B: **Bist du ganz sicher?**

B：絶対に正しいと思う？

A: Ja. Komm, lass uns den Weg hier nehmen.

A：うん、来て。この道を行きましょう。

ドイツ語（人）の発想・日本語（人）の発想

■ 「説得する」(überreden)というのは、他の意見に反対して自分の意見を押し通すというだけではなく、たくさんの論拠を示して、他者が意見を変えることを促すことです。ですから、相手が納得する論拠を挙げることが大事です。

■ 自分の意見を主張し、擁護し、貫く（behaupten, verteidigen, beharrlich sein）ためには、自分の意見が正しいことを確信することが前提となります。これは【会話のパターン1.】の、「意見を述べる」のうちの「確信していることを言う」でも扱いました。

■ ドイツ人は学校の授業で、よくディベートをします。ですから、自分の意見を、論拠を挙げて主張することには日本人よりずっと慣れています。

ことばコラム

【 Sprachgebrauch 】 ドイツ語、英語、他の言語

ドイツの日常語には、英語由来の外来語だけでなく、他の言語に由来する語彙もあります。

Tut mir leid, heute kann ich nicht.
Sorry, heute klappt es doch nicht. / Sorry. Heute geht es nicht.（sorry＜英語）
Pardon, das tut mir leid. / Pardon, können Sie mir helfen?（pardon＜フランス語）

（食事の）習慣について尋ねる

Was essen Sie gern zum Frühstück?
朝食に何を食べるのが好きですか？

Wann frühstücken Sie am Wochenende?
週末はいつ朝食を食べますか？

Was essen Sie als Hauptgericht?
メインディッシュは何を食べますか？

（食事の）習慣について答える

Ich esse gern Müsli zum Frühstück.
私は朝食にミュースリ（シリアル）を食べるのが好きです。

Unter der Woche frühstücke ich um halb sieben.
ウィークデーは6時半に朝食を食べます。

Am Wochenende brunche ich am späten Vormittag.
週末は午前中遅めにブランチを取ります。

Als Hauptgericht essen wir Fleisch.
メインディッシュに私たちは肉を食べます。

（何かを見る）習慣

Ich sehe〔am liebsten / immer / meistens〕… .
…を〔一番好んで／いつも／たいてい〕見ます。

Ich sehe oft … , aber ich habe keine feste Gewohnheit.
私はよく…を見ますが、決まった習慣はありません。

解 説

■ Gewohnheit（習慣）は、個人・社会によって異なり、流動的ですが、それが特に社会で一般に受け入れられ、伝統として固定化されてくると、Sitte（慣習）とか Brauch（風習）になります。ですから、Sitte の場合には man を主語にしたり、非人称表現を使って、„Es ist hier Sitte, dass…" （…というのがここの習慣です）のように表現することが多いです。

 実際の会話で、練習しましょう

A. 日常生活、ルーティーン

(1) Zweimal pro Woche　週に２回　　　　　　　　　　　　　▶ 79

A : Also **ich gehe zweimal pro Woche zum Schwimmen.**

A：私は週に２回泳ぎに行っている。

B : Ich spiele nur am Sonntag Fußball mit meinen Freunden.

B：僕は日曜日だけ友達とサッカーをしている。

(2) Aufstehen　起床　　　　　　　　　　　　　　　　　　　▶ 80

A : Wann stehst du denn jeden Tag auf?

A：毎日いったい何時に起きているの？

B : **Ich stehe normalerweise um halb sieben auf** und dann dusche ich. Und du?

B：ふつうは６時半に起きて、それからシャワーを浴びてる。君は？

A : **Meistens stehe ich um 5 auf** und dann mache ich Yoga.

A：たいてい５時に起きて、それからヨガをやっている。

B : Echt, so früh!

B：本当に、そんなに早く！

(3) Duschen oder baden　シャワーかお風呂か（日本での会話）　▶ 81

A : Duschen oder baden Sie
　　lieber?

A：シャワーとお風呂、どちらが好
　　きですか？

B : Ich dusche in der Regel lieber,
　　morgens zum Wachwerden.
　　Und Sie?

B：基本的には、朝目覚めるために
　　シャワーを浴びる方が好きです。
　　あなたは？

A : **Ich bade meistens am Abend,**
　　das entspannt mich nach
　　einem langen Tag.

A：私はたいてい夜お風呂に入りま
　　す。長い一日の後、リラックス
　　します。

(4) Tabletten　錠剤　▶ 82

A : Was hat der Arzt denn gesagt?

A：お医者さんはいったい何て言っ
　　てたの？

B : **Ich soll die Tabletten dreimal**
　　am Tag nach dem Essen
　　einnehmen.

B：1日3回、食後に薬を飲みなさ
　　い、って。

A : Und wie lange?

A：で、どのくらい飲み続けるの？

B : 10 Tage lang.

B：10日間。

B. 文化比較

(1) Am Wochenende　週末　▶ 83

A : Was machen denn Japaner am
　　Wochenende?

A：日本人は週末に何をするの？

B : Viele Japaner gehen gern
　　einkaufen. Andere machen
　　einen Ausflug.

B：多くの日本人は買い物に行くの
　　が好きです。他に、ハイキング
　　をする人もいます。

A : Und was machen Deutsche am
　　Wochenende?

A：それで、ドイツ人は週末に何を
　　するのですか？

B : Deutsche gehen am Samstag
　　einkaufen, sehen Fußball
　　und am Sonntag gehen viele
　　spazieren oder wandern.

B：ドイツ人は、土曜日に買い物に
　　行って、サッカーを見ます。日
　　曜日は、多くの人が散歩に行っ
　　たりハイキングをします。

F : Was tun Sie für Ihre Gesundheit?	健康のために何をしていますか？
(Individuell)	（個人的に異なる答え）
A: Ich esse viel Gemüse.	A：野菜をたくさん食べます。
B: Ich gehe früh schlafen.	B：早く寝ます。
C: Ich esse viel Obst.	C：たくさん果物を食べます。
D: Ich gehe an der frischen Luft spazieren.	D：新鮮な空気を浴びて散歩します。
(Kulturell)	（文化的に異なる答え）
In Japan: hachi-bu (den Bauch nur zu acht Zehntel füllen), 30 verschiedene Sachen essen. ...	日本：腹八分目、30品目の食材を食べる、など。
In Deutschland: Frühstücken wie ein König, Mittagessen wie ein Bürger, Abendessen wie ein Bettler.	ドイツ：王様のような（豪華な）朝食、庶民のような（普通の）昼食、乞食のような（質素な）夕食。

> ### ドイツ語（人）の発想・日本語（人）の発想

- 習慣は、社会や文化を反映しています。ですから異文化比較にとってとても良いテーマです。これまでの【会話のパターン12.】「規則を述べる」や【会話のパターン13.】「納得させる」といったテーマとも関係しています。習慣の話をする時、ドイツ人は朝（コーヒー、シャワー、朝食）について、日本人はむしろ夜（夕食、お風呂）について語る方が多いのは面白い違いです。また、ドイツ人は平日と週末の生活パターンが大きく異なります。

ことばコラム

【 Wortschatz 】　新語彙 e スポーツ

die Konsole コンソール、（ゲームの）リモコン、der Controller コントローラー

Fitnesstraining zu Hause: Sport mit der Spiel(e)konsole machen
　自宅でフィットネストレーニング：ゲームのリモコンを使って運動する。

興味を示す

sich⁴ für + 4格 interessieren
…に興味を持っています

Interesse an + 3格 haben
…に興味を持っています

興味があるかどうかを聞く

Hörst du gern Musik?
音楽を聞くのが好きですか？

Interessierst du dich für … ?
…に興味がありますか？

Interessiert dich das denn nicht?
それには興味がないのですか？

肯定で答える

Ja, und wie!
もちろん！

Und ob!
もちろん！

Das interessiert mich sehr.
とても興味があります。

Doch, ich habe großes Interesse daran.
いや、とても興味があります。

否定する

Nein, lieber …
いや、むしろ…

Das interessiert mich überhaupt nicht.
それには全く興味がありません。

Nein, … finde ich ehrlich gesagt langweilig.
いいえ、正直に言って、…はつまらないと思います。

【 Wortschatz 】 余暇と趣味：手芸、工作、ものづくり

basteln 工作 / werken 作業をする / bauen 建てる / machen 作る / stricken 編む / häkeln 鉤針で編む / Origami machen, Papier falten 折り紙をする

> ### ためらう
>
> Na ja, es geht.
> まあね、まあまあです。
>
> Nicht so.
> それほどは。
>
> Nicht besonders.
> 特に別に。
>
> Das ist mir ganz〔egal / gleich〕.
> 私にとっては全く同じことです。

解説

- 「興味を持つ」という表現は、対象物を主語とし人物を4格目的語とする、„Das interessiert mich"、再帰動詞を用いて、„sich⁴ für et⁴ interessieren"、あるいは名詞を用いて、„an et³ Interesse haben"、のように言い換えることができます。

- 「趣味」を述べる場合、副詞gernをよく用います。„Ich höre gern Musik"、はすなわち、„Mein Hobby ist Musik hören"です。

ことばコラム

【 Wortschatz 】 余暇と趣味：音楽

Musik machen, Musik spielen: (1) 楽器を演奏する、(2)（CDなどの）音楽をかける。
„Ich mache Musik"は、「私は楽器を演奏する」という意味であることが多い。

楽器演奏に関する表現：

Flöte spielen フルートを吹く / Querflöte spielen 横笛を吹く /
Violine spielen バイオリンを弾く / Klavier spielen ピアノを弾く /
Trompete spielen トランペットを吹く /
Pauke spielen, die Pauke schlagen ティンパニを演奏する /
trommeln, die Trommel spielen 太鼓を叩く /
Schlagzeug spielen 打楽器を演奏する / das Blasorchester 吹奏楽

好みなどに関する表現：

Ich mag Musik. 私は音楽が好き。 / Ich höre gern Musik. 音楽鑑賞が好き。 /
ins Konzert gehen コンサートを聴きに行く

会話例　実際の会話で、練習しましょう

（1）Hobby　趣味 ▶86

A : Hast du ein Hobby?

B : Ja, **ich spiele gern Tennis**. Und du?

A : **Ich tanze gern**.

A：何か趣味を持っているの？

B：うん、テニスをするのが好きなんだ。君は？

A：私はダンスが好き。

（2）Gern machen　好きなこと ▶87

A : **Was machst du gern?**

B : **Ich spiele gern Klavier.** Und du?

A : **Ich lese gern.** Am liebsten[1] Romane. Welchen Komponisten magst du?

B : **Ich spiele sehr gern Chopin.**

A：何をするのが好き？

B：ピアノを弾くのが好き。君は？

A：読書が好き。一番好きなのは小説。どの作曲家があなたは好きなの？

B：ショパンがとくに好き。

（3）Kunst und Politik　美術と政治 ▶88

A : **Interessieren Sie sich für** Politik?

B : Nein, **nicht so besonders.** Ich beschäftige mich viel mit Kunst.

A : Gehen Sie oft ins Museum?

B : Ja, besonders in Ausstellungen von moderner Kunst. Und Sie?

A : Ich lese viele Bücher über Politik und Geschichte.

A：あなたは政治に興味がありますか？

B：いいえ、特にありません。私は美術に多くの時間を費やしています。

A：美術館にはよく行くのですか？

B：ええ、現代美術の展覧会に。あなたは？

A：私は政治や歴史についての本をたくさん読みます。

A : Waren Sie schon einmal im KABUKI-Theater?

A：歌舞伎座に行ったことはありますか？

B : Nein, leider noch nicht. Aber **ich habe großes Interesse an** KABUKI und NOH.

B：いいえ、残念ながらまだ。私は歌舞伎と能にとても興味があります。

A : NOH **finde ich ehrlich gesagt langweilig.** Aber das ist Geschmackssache.

A：能は正直に言って私は退屈に思います。でも好みの問題ですから。

 と

*1 好みを述べる時に、gern の比較級 lieber、最上級 am liebsten が使えます。

Ich höre gern Musik. Ich höre lieber Jazz (als Rock). Am liebsten höre ich aber Popmusik.

また、Lieblings- を付けて、「お気に入りの…」という表現が可能で、mein Lieblingssport, -schauspieler, -buch, -essen / meine Lieblingsmusik, -tasche など、いろいろ作ることができます。

ドイツ語(人)の発想・日本語(人)の発想

■ ドイツでは「趣味」が会話のテーマになることが多く、気軽に „Was machen Sie gern?"、 „Was machen Sie in Ihrer Freizeit?" と聞いてきます。勉強や仕事中心の日本人にとっては、答えにくいかもしれませんが、日本人にはむしろ「何か習い事をしていますか」という質問の方が馴染むかもしれません。実際、日本のほうが習い事の種類や可能性が豊富です。ドイツで習い事と言えば、市が運営する VHS (Volkshochschule)「市民大学」に申し込んだり、Verein (団体) に加入するのが普通です。

ことばコラム

【 Wortschatz 】　日本語とドイツ語：大掃除

大掃除をドイツ語に翻訳するなら Jahresendgroßputz, Großputz am Jahresende など。地域によっては、Großreinemachen という表現もあります。また、復活祭の前には、ドイツにも Frühjahrsputz と呼ばれる大掃除があります。

能力について述べる

Sie kann sehr gut Klavier spielen.
彼女はとても上手にピアノが弾けます。

Das Baby kann schon krabbeln.
その赤ちゃんはもうはいはいができます。

Er kann das Gedicht auswendig.
彼はその詩を暗唱できます。

Ich bin in der Lage, dir einige Tipps zu geben.
僕は君に助言することができます。

Er ist sprachlich begabt.
彼は語学の才能があります。

Er ist ein sprachliches Genie.
彼は語学の天才です。

Er hat kein Talent [für Musik / zum Musizieren].
彼は音楽の才能がない。

Sie hat die Fähigkeit zur Selbstkontrolle.
彼女は自分自身をコントロールする能力がある。

Für technische Berufe ist er〔 sehr gut / eher nicht 〕geeignet.
技術的な職業に彼は〔とても適している／あまり向いていない〕。

Er ist geschickt.
彼は器用です。

状況的に可能

Ich kann heute nicht lange bleiben.
今日はあまり長くいられません。

Kannst du noch? － Nein, ich kann nicht mehr.
まだ大丈夫？　　　いや、もうだめです。

解説

- 話法の助動詞 können（できる）ですが、„Er kann sehr gut Deutsch sprechen.“「能力がある」という場合もあれば、„Ich kann heute zu dir kommen.“「（状況的に）可能である」という場合もあります。

- 話法の助動詞は、本動詞がなくても意味がわかる場合、„Er kann gut Deutsch.“「彼はドイツ語がよくできる」のように助動詞だけで単独で用いることがあります。

・können を本動詞として用いる場合は、4格目的語を伴わないこともあります。„Können wir?“「始めてもいいですか？」

ドイツ語（人）の発想・日本語（人）の発想

- ドイツ人は、日本人よりも自分の能力をはっきりと言葉にする傾向があるでしょう。ドイツ人なら、„Können Sie gut singen?“ と聞かれて、„Ja, ich kann sehr gut singen.“ と即座に、素直に答える人がいますが、日本人の多くは、たとえ能力があっても謙遜で、„Nein“、„Nur ein bisschen“ と答えるのが普通ですね。

ことばコラム

【 Wortschatz 】 Haus

Haus（家）の種類：

Einfamilienhaus 戸建住宅、Mehrfamilienhaus 多世帯住宅

Wohnhaus 住まい、Mietshaus 賃貸住宅

zu Hause: Ich bin zu Hause. Ich bleibe zu Hause. 私は家にいる。

Ich komme von zu Hause. 私は家から来る。

nach Hause: Ich gehe nach Hause. 私は家へ帰る。

Haus を含む他の表現：

das Zuhause: Das ist mein Zuhause. これが私の故郷（我が家）である。

Hausfrau 主婦、ein Haus kaufen 家を購入する、ein Haus vermieten 家を貸す

behausen 住む、Behausung 宿泊所

実際の会話で、練習しましょう

(1) Englisch　英語　▶ 91

A : **Kannst du Englisch?**	A : 英語ができる？
B : Na ja, ein bisschen. Und du?	B : まあ、少しだけ。君は？
A : **Ich kann** es ein bisschen verstehen, aber ıch kann es gar nicht sprechen.	A : 少しはわかるけど、話すのは全然ダメね。

(2) Mathe　数学　▶ 92

A : **Bist du gut in Mathe?**	A : 数学が得意？
B : Ja, ein bisschen, warum denn?	B : うん、少しだけ。いったいなぜ？
A : Ich verstehe die Hausaufgabe nicht. Mathe liegt*1 mir nicht.	A : 宿題がわからないんだけど。数学は私の性に合わないの。
B : Soll ich es dir erklären?	B : 説明してあげようか？
A : Oh ja, bitte! Unbedingt.	A : ええ、お願い！是非。

(3) Ballett　バレエ　▶ 93

A : Was macht Ihre Tochter in der Freizeit?	A : あなたのお嬢さんは余暇に何をなさっていますか？
B : Sie macht Ballett zweimal pro Woche. Ich glaube, sie macht es sehr gern.	B : 彼女は週2回バレエをしています。彼女はバレエがとても好きだと思います。
A : Fällt es ihr leicht? **Hat sie eine tänzerische Begabung*2 ?**	A : 彼女には負担ではないのですか？　彼女には踊りの才能があるのですか？
B : Ich glaube nicht, aber sie hat Spaß daran und übt sehr viel.	B : そうは思いませんが、彼女は楽しんでいて、たくさん練習しています。

(4) Technische Ader[*3]　技術的素質　　　　　　　　　▶ 94

A : Was machst du denn da?

A：いったい何をしているの？

B : Ich repariere gerade das Radio.

B：今ラジオを直しているんだ。

A : Das kannst du? Du bist aber geschickt! **Woher hast du deine technische Ader?**

A：できるの？ 器用ね。あなたの技術的素質はどこから来ているの？

B : Von meinem Vater, er bastelt auch viel.

B：父から。父もたくさん工作するんだ。

A : Wahnsinn! Das könnte ich nie!

A：すごい！ 私には絶対にできないでしょうね。

(5) Stellensuche　職探し　　　　　　　　　　　　　　▶ 95

A : Wir suchen jemand, der **in der Lage ist,** Kunden gut **zu** beraten.

A：我々は顧客に良い助言ができる人材を探しています。

B : Ich habe eine Ausbildung in Kundenberatung gemacht.

B：私は顧客相談所で職業教育を受けました。

A : Haben Sie denn schon Erfahrung im Kundenservice?

A：あなたはすでに顧客相談の経験をお持ちなのですね？

B : Ein bisschen. Ich habe ein halbes Jahr Praktikum bei einer Bank gemacht. Ich denke, dass **mir das liegt**.

B：少しですが。私は半年間、銀行で実習を受けました。私の性に合っていると思います。

 と

*1 jm liegen で、「（人³）に合っている、向いている」という意味です。

*2 „tänzerische Begabung（踊りの才能、天分）" のように、musische / musikalische（音楽の）、künstlerische（芸術の）、schauspielerische（俳優の）など、分野や職業を表わす形容詞を付けることができます。

*3 Ader（素質、天分）も主に口語で Begabung と同様の意味で用いられます。もともと「血管」という意味ですが、日本語でも「血を引く」とか「血は争えない」と言いますね。

願望、計画を述べる

Ich will ... machen.
…をするつもりです。

Ich will〔unbedingt / vielleicht〕... .
私は〔絶対に／ひょっとしたら〕…する つもりです。

Ich will auf keinen Fall ... .
私は全く…するつもりはありません。

Ich möchte (gern) ... .
（喜んで）…したいのですが。

Ich habe Lust auf + 4格 ... .
…したい気分です。

Im Sommer würde ich gern ... .
夏に…がしたいです。

前置きをして、ていねいに願望を述べる

Wenn es Ihnen nichts ausmacht, möchte ich ... .
良かったら、…したいのですが。

Wenn es Sie nicht stört, würde ich lieber ... .
お気に障らなければ、むしろ…したいのですが。

Wenn es keine Umstände macht, hätte ich lieber ... .
お手数でなければ、むしろ…したいのですが。

喜んで相手の希望に沿う

Ach, das macht doch nichts.
ええ、全く構いませんよ。

Das ist kein Problem.
問題ないです。

Das macht gar keine Umstände!
全然面倒なことではありませんよ。

Das stört mich nicht. / Das macht mir nichts aus.
構いませんよ。

解説

■ 「願望」や「意志」を述べる場合は、möchteやwollenなどの話法の助動詞を用いて表現します。自身の願望は、やはり控えめに表現した方が良いので、接続法II式を用いることが好まれます。

ことばコラム

【 Wortschatz 】 Hand

die Hand geben 握手をする：
　In Deutschland gibt man bei der Begrüßung die Hand.
die Hände waschen 手を洗う：Vor dem Essen wasche ich mir die Hände.
sich die Hände geben 仲直りする :
　Beide / Die beiden haben sich nach dem Streit die Hände gegeben.
sich die Hände reiben 手をこすり合わせる (1) 寒さのため (2) 慣用表現
(1) Es war heute so kalt, dass ich mir die Hände gerieben habe.
(2) Er hat ein gutes Geschäft gemacht. Jetzt reibt er sich die Hände.
Hand in Hand gehen 手に手をとって
(1) Das klappt alles gut. Das geht Hand in Hand mit dem nächsten Schritt des Projektes.
Das geht Hand in Hand (スムーズに、問題なく進む)
(2) Peter und Maria gehen Hand in Hand die Straße hinunter.
Beide gingen Hand in Hand. (並んで、仲良く)
im Handumdrehen ［手のひらを返す］ ＞またたく間に

17 会話例 実際の会話で、練習しましょう

（1）Ausflug nach Kamakura　鎌倉へのハイキング　▶97

A : **Ich möchte am Samstag gern nach Kamakura fahren.**

A：土曜日に鎌倉へ行きたいと思っているんだけど。

B : Das ist eine gute Idee.

B：それはいい考えだ。

A : Kommst du mit?

A：一緒に来る？

B : Ja, gern! Super!

B：うん、喜んで。すごい！

（2）Heirat　結婚　▶98

A : **Ich beabsichtige bald zu heiraten.**

A：もうすぐ結婚するつもりなの。

B : Oh, du willst eine Familie gründen. Toll! Was wünschst du dir zur Hochzeit?

B：そうか、新しい家庭を持つんだね。すばらしい！ 結婚式に何が欲しい？

A : Ich wünsche mir eine Tischdecke.

A：テーブルクロスが欲しいな。

（3）Fernsehen　テレビ　▶99

A : Hast du Lust, Nachrichten zu sehen?

A：ニュースを見る気がある？

B : Nein, jetzt nicht.

B：いや、今はいい。

A : **Wenn es dich nicht stört, würde ich jetzt gern die Sportschau sehen.**

A：迷惑でなければ、私は今、スポーツショーが見たいんだけど。

B : Ja, bitte.

B：うん、どうぞ。

A : Darf ich Ihnen eine Tasse Kaffee anbieten?

A：コーヒーを一杯いかがですか？

B : Das ist sehr nett. **Wenn es Ihnen aber keine Umstände bereitet, hätte ich lieber Tee.**

B：それはとてもご親切に。でもご面倒でなければ、お茶の方が良いのですが。

A : **Das ist gar kein Problem.** Sehr gern. Einen Augenblick bitte.

A：まったく問題ありません。喜んで。お待ちいただけますか。

B : Vielen Dank.

B：どうもありがとう。

ドイツ語（人）の発想・日本語（人）の発想

■ 願望を述べる時、日本人は「私は…したいという夢がある」とよく言いますが、これをそのままTraumと訳すと、少し温度差が出てしまいます。日本語の「夢」はむしろそこに向かって努力する「目的」のようなもので、現実性がありますが、ドイツ語のTraumは理想、非現実です。ですから、接続法II式を使って、„mein Traum wäre…"とか、„Traumfrau（夢のような素晴らしい女性）"、„Traumreise（夢のような旅）"といった表現が見られます。

こ と ば コ ラ ム

【 Wortschatz 】 Schnur – Leine – Seil（紐、綱、ロープ）

die Leine

die Hundeleine: den Hund an der Leine führen 犬をリールにつないでいる

die Wäscheleine:

　die Wäsche an der Leine aufhängen 洗濯物を物干しロープに干す

　＊日本では「物干し竿（die Wäschestange）」

die Schnur

die Paketschnur: das Paket schnüren 小包に紐をかける

die Schuhschnur: die Schuhe schnüren 靴紐を結ぶ

schnurgerade, schnurstracks まっすぐに

das Seil

die Seilbahn: mit der Seilbahn fahren ロープウェーに乗る

das Hängeseil 吊り紐・ロープなど

das Rettungsseil 救命ロープ

驚きを表わす

Ach komm! / Ach du liebe Zeit!
うそ！／信じられない！大変！

Ach was! / Na, so was!
とんでもない！／そんな（ばかげた）こと！

Echt? / Wirklich? / Wahnsinn!
本当？／本当？／すごい！

So eine Überraschung!
これはびっくり！（良いことも悪いことも）

Das kann doch nicht wahr sein!
あり得ない！

(Ach), du lieber Gott!〔O Gott! / Mein Gott!〕
おやまあ！ 何ということ！

Um Gottes willen!
まさか！とんでもない！

共感を表わす

Das finde ich aber traurig.
それは悲しい。

Oh, das tut mir〔wirklich / echt / sehr〕leid.
それは〔実に／本当に／とても〕残念です。

Das geht mir sehr zu Herzen.
それは私の心に強く伝わってきます。

Ich fühle mit dir / Ihnen mit.
私も〔君／あなた〕と同じ気持ちです。

Meine Gedanken sind (ganz) bei dir / Ihnen.
〔君／あなた〕のことを（とても）思っています。

心配を表わす

Was ist los?
どうしたの？

Ist alles in Ordnung?
大丈夫ですか？

Ich habe Angst vor … .
…が怖い。

Ich mache mir Sorgen.
心配です。

喜びを表わす

Ich bin sehr froh, dass … .
…ということがとても嬉しい。

Ich freue mich sehr auf … .
…をとても楽しみにしています。

Ich bin glücklich.
私は幸せです。

希望を表わす

Hoffentlich hast du nichts Schlimmes.
願わくは、君の問題が大したことではないといいのですが。

Ich hoffe, es ist alles in Ordnung.
すべてうまくいくと良いのですが。

解説

■ 感情を表わす場合、決まった表現だけでなく、声の調子、イントネーションなどが大事になります。

■ 感情の主体は、①Ich bin froh.（1格）、②Das freut mich.（4格）、③Das tut mir leid.（3格）のようにさまざまな格で表わされます。

会話例 **実際の会話で、練習しましょう**

(1) ein Kind bekommen　子供が生まれる　　　　　▶ 102

A : Ich bekomme im Mai ein Kind.

A : 5月に子供が生まれるの。

B : **Echt?** Das ist eine gute Nachricht. **Freust du dich?**

B : 本当？ それは良いニュースだね。嬉しいでしょう？

A : Ja, klar. **Ich freue mich sehr darauf.** Aber **ich habe auch ein bisschen Angst.**

A : もちろん。とっても楽しみ。でもちょっと不安もあるわ。

B : Das ist doch ganz normal.

B : それは全く当たり前のことだよ。

(2) Wie geht's denn?　どう調子は？　　　　　▶ 103

A : Tag, wie geht's denn?

A : こんにちは、どう調子は？

B : **Ach,** nicht so gut.

B : ああ、あんまり調子良くなくて。

A : **Was ist denn los?**

A : どうかしたの？

B : Ich habe Streit mit Monika.

B : モニカと喧嘩して。

A : Komm, das wird schon wieder.

A : まあ、すぐ元通りになるわよ。

B : Meinst du?

B : そう思う？

(3) Gefeuert[*1]　解雇される　　　　　▶ 104

A : **Was ist denn los?**

A : どうしたの？

B : Was los ist?! Da fragst du! Mensch[*2], **ich bin gefeuert.**

B : どうしたかって！ そんなこと聞くのか！ おい、くびになったんだぞ。

A : Ach, komm! Das gibt es doch nicht!

A : うそ！ それはないでしょ。

B : Doch, **ich bin total wütend.**

B : そうなんだって。本当に頭に来たよ。

A : Hallo Monika. Schon lange nicht mehr gesehen. Wie geht es dir?

A : やあ、モニカ。しばらくぶりだね。元気？

B : Na ja, es geht. Meine Mutter war lange krank und ich habe sie gepflegt.

B : まあね、まあまあだわ。母が長いこと病気で私は母の介護をしていたの。

A : Und jetzt? Ist sie im Altersheim?

A : で、今は？ 老人ホームにいるの？

B : Nein, sie ist leider vor zwei Monaten gestorben.

B : ううん、2か月前に亡くなったの。

A : **Mein herzliches Beileid. Dann bist du jetzt sehr traurig.**

A : 心からお悔やみ申し上げるよ。じゃあ君は今とても悲しんでいるんだね。

B : Ja. Es braucht halt*3 Zeit.

B : ええ。まあ、長引くでしょうね。

 語彙 と 表現

*1 feuern という動詞は、Feuer（火）から来ていますが、「火をつける」という意味から、口語では「くびにする」という意味で使われます。

*2 Mensch は呼びかけで使い、「おい」の意味ですが、驚きを表わして、「うわー」「うへー」の意味としても使われます。

*3 halt は、特にドイツ南部、スイス、オーストリアで、動かしがたい事実に対するあきらめの表現として、「結局」「どっちみち」のような気持ちを表わします。

ドイツ語（人）の発想・日本語（人）の発想

■ ドイツ語には、感情を表わす表現が日本語よりずっと豊かです。簡単な反応でも、日本語では「すごい！」「びっくり！」「信じられない！」くらいですが、ドイツ語ではここで挙げたような様々なバリエーションがあります。特に、Gott（神）を用いたさまざまな表現があるのは面白いことです。

相手に満足しているかどうか尋ねる

Bist du mit〔deiner Arbeit / deinem Job〕zufrieden?
仕事に満足していますか？

Macht dir dein Studium Spaß?
大学の勉強は楽しいですか？

肯定的な反応（満足）

Ja, ich bin damit (sehr) zufrieden.
ええ、とても満足しています。

Mein Studium macht mir großen Spaß.
大学の勉強はとても楽しいです。

Meine Kinder machen mir viel Freude.
私の子供たちは私を大いに喜ばせてくれます。

Insgesamt fühle ich mich sehr wohl.
全体として快適です。

否定的な反応（不満）

Nein, ich bin (sehr) unzufrieden damit.
いいえ、（非常に）不満です。

Nein, überhaupt nicht.
いいえ、全然。

Ich habe keine Lust mehr.
もうやる気がありません。

Ich habe genug.
もう十分です。

Ich habe von der Arbeit die Nase voll.
私は仕事にうんざりです。

どちらとも言えない

Na ja, es geht.
まあね、まあまあです。

Der Job ist okay.
仕事は問題ないです。

解 説

- von et³ / jm die Nase voll haben（うんざりしている）のように、体の部位を使った慣用的な感情表現が多く見られます。jm ein Dorn im Auge sein（…にとって目の上のこぶである）、die Ohren hängen lassen（がっかりしている）、mit den Ohren schlackern（びっくり仰天する）、Das hängt (wächst) mir zum Hals(e) heraus（それはもううんざりだ）、jm den Magen umdrehen（…の胸をむかつかせる）、die Hände über dem Kopf zusammenschlagen（びっくり仰天する）など、いろいろあります。

ドイツ語（人）の発想・日本語（人）の発想

- ドイツでは普段は勉学優先ですが、休暇中はまとめてアルバイトをすることはよくあります。

ことばコラム

【 Sprachgebrauch 】 コロケーション：家事・体の手入れ

家事および体の手入れに関しては、決まった語の組み合わせが用いられることが多いです。また、しばしば定冠詞・所有冠詞とともに使われます：Ich putze mir die Zähne. Ich putze meine Zähne.

	waschen	spülen	putzen	andere Verben
das Gesicht 顔	○			
die Haare 髪	○	○		kämmen, bürsten
den Mund 口		○		
die Nase 鼻		(○)	○	
die Ohren 耳			○	
Wäsche 洗濯物	○	○		
die Schuhe 靴	(○)		○	
Teller 皿	○	○		
das Geschirr 食器		○		
Gemüse 野菜	○		○	
Fenster 窓			○	
Zimmer 部屋			○	
Auto 自動車	○		○	

コロケーション（語の組み合わせ）は、合成語にも見られます：die Waschmaschine（洗濯機）；die Spülmaschine, der Geschirrspüler, die Geschirrspülmaschine（食洗機）

会話例 実際の会話で、練習しましょう

(1) Neue Arbeit   新しい仕事 ▶ 107

A : Wie ist die neue Arbeit? | A：新しい仕事はどう？

B : Oh, ganz gut. **Ich bin zufrieden.** | B：まあまあです。満足しています。

A : Ist das ein gutes Team? | A：チ　ムワークはいいですか？

B : Ja, die Kollegen sind sehr nett. | B：はい、同僚たちはとても親切です。

(2) Studentenleben   学生生活 ▶ 108

A : Wie ist denn das neue Leben als Student? | A：大学生としての新生活はどうですか？

B : Na ja, es geht. **Das Studium macht Spaß.** Ich habe viele Freunde. Aber die Tests – **ich habe total die Nase voll davon.** | B：まあね、まあまあです。勉強はおもしろいです。友達もたくさんいます。でもテストが ― とってもうんざりしています。

(3) Neuer Computer   新しいコンピューター ▶ 109

A : Hast du dir jetzt einen neuen Computer gekauft? | A：新しいコンピューターを買ったの？

B : Danke für deinen Rat. Ich habe den von BCA gekauft. | B：アドバイスありがとう。BCAのコンピューターを買ったの。

A : Und **bist du zufrieden?** | A：それで、満足している？

B : Ja, sehr. Der läuft sehr gut. Ich konnte alle Programme gut installieren. | B：うん、とても。とても調子がいいわ。すべてのプログラムをうまくインストールできたし。

A : Das freut mich. | A：それはよかった。

A : Sabine sag mal, wie ist denn dein Ferienjob?

A：ねえ、ザビーネ、休暇中の仕事はどう？

B : Mein Ferienjob? Schrecklich. **Ich habe keine Lust mehr!**

B：休暇中の仕事？ひどいものよ。もうやる気が失せたわ。

A : Echt?

A：本当に？

B : Ja, der Chef ist total ungerecht.

B：ええ、上司が不公平なの。

 語彙 と 表現

■ ganz gutのように、ふつう良い意味を表わすと考えられる形容詞や副詞と共に用いられたganzは、形容詞や副詞の表わす程度を下げる働きをします。

ことばコラム

【 Sprachgebrauch 】 ことばのトレンド：ジェンダーニュートラルな表現(1)

人の性別を言語的に平等に扱うことは、ここ数年ずっと議論になっていました。男性形をいわば「みんな」の意味で使用する総称形は、今の時代の要請に適っていないように見えます。ジェンダーニュートラルな表現の例を挙げてみましょう。

(1) 男女を組み合わせた表現（短縮形も含む）

Schülerinnen und Schüler 生徒のみなさん (短縮形：SuS)

Studentinnen und Studenten 学生のみなさん（短縮形：SuS)

Kolleginnen und Kollegen 同僚のみなさん

(2)中立的表現を探す

総称形	→ ジェンダーニュートラル
Sehr geehrte Kollegen	→ Sehr geehrtes Kollegium
Liebe Studenten	→ Liebe Studierende
An den Seminarleiter	→ An die Seminarleitung
Lehrer	→ Lehrkraft
Jeder muss kommen.	→ Alle müssen kommen.

(3)分詞を使う

Studenten → Studierende

Lehre → Lehrende

落胆を表わす

Ich fand es traurig, dass ... .
…だったのは残念でした。

Leider hat ... nicht (so gut) geklappt.
残念ながら、…は（あまり）うまくいきませんでした。

Das hat mir nicht so gut gefallen.
それはあまり気に入りませんでした。

Von dem Essen war ich sehr enttäuscht.
食事にはがっかりしました。

Es war keine schöne Zeit. Das würde ich niemandem
empfehlen.
あまりいい時間ではありませんでした。誰にもお勧めしません。

Also das nächste Mal würde ich es ganz anders machen.
それで次回は全く違ったやり方をするつもりです。

Hätte ich doch〔wenigstens / gleich〕... !
〔少なくとも／すぐに〕…をしていたならなあ！

怒りを表わす

Das war total blöd! Ich habe mich so (über mich) geärgert.
それはまったくばかげたことだった！（自分に）非常に腹が立ちました。

Das hätte nicht sein dürfen.
そんなことがあってはならなかったのに。

Das ist wirklich ärgerlich.
ほんとうに腹立たしい。

Ich hätte besser aufpassen müssen.
もっと気をつけなければならなかった。

Das war total link.
それはまったくひどかった。

Das darf nicht nochmal passieren.
そんなことは二度と起こってはならない。

落胆や怒りに反応する

Das verstehe ich.
それはわかります。

Oh, das ist wirklich schade.
それは本当に残念ですね。

Sei nicht traurig! Das ist doch nicht so schlimm!
そんなに悲しまないで！そんなにひどいことではないです。

Das〔ist wirklich / war bestimmt〕sehr ärgerlich.
それは〔本当に腹の立つことでしょう／確かに非常に腹の立つことだったでしょう〕。

Oh je, das ist ja wirklich dumm gelaufen.
おやおや、それは本当に嫌な結果になりましたね。

Nicht zu glauben!
信じられない！

Aber vielleicht klappt es ja ein anderes Mal.
でもひょっとしたら次回はうまくいくかもしれませんよ。

Aber da kann man wohl nichts mehr machen.
でもこれ以上どうしようもないでしょう。

Alles im Leben hat seinen / einen Sinn.
人生に意味のないことはありませんよ。

Man weiß nie, ob es so nicht sogar besser ist.
実際よりは、ましかも知れませんよ。

ドイツ語（人）の発想・日本語（人）の発想

■ ドイツ人は、特にサービスに対して、はっきりと満足・不満を伝えます。レストランで食事が美味しかったかどうか聞かれる習慣のない日本人にとっては、ウェイターさんの問いかけにびっくりするでしょう。ドイツでは、まずかったら食事を作り直してもらったり、他のもので代償してもらえるよう、要求することもよくあります。

実際の会話で、練習しましょう

(1) Im Restaurant　レストランにて　▶ 112

A : Hat es Ihnen geschmeckt?

A：美味しかったですか？

B : Nein, leider gar nicht.

B：いいえ、残念ですが全然。

A : Oh, das verstehe ich nicht. War es zu salzig?

A：えっ、それは理解できませんね。塩辛すぎましたか？

B : Nein, das nicht, aber das Fleisch war zäh und das Gemüse zu weich.

B：いいえ、そんなことはないですが、肉は固くて野菜は柔らかすぎました。

A : Entschuldigen Sie bitte. Darf ich Ihnen ein Dessert auf Rechnung[*1] des Hauses bringen?

A：それは申し訳ありません。お店の勘定でデザートをお持ちいたしましょうか？

(2) Bewerbung　就職口への応募　▶ 113

A : Ich habe mich um eine neue Stelle beworben.

A：私は新しい勤め口に応募しました。

B : Und?

B：それでどうなりました？

A : **Ein totaler Reinfall.** Die haben mich abgelehnt. Das war schon die dritte Absage!

A：まったく期待外れでした。落とされました。これでもう3回目です。

(3) Präsentation　プレゼンテーション　▶ 114

A : Meine Präsentation ist nicht gut gelungen, obwohl ich mich bei der Vorbereitung wirklich sehr bemüht habe.

A：プレゼンテーションはうまくいかなかった。準備は本当に一生懸命やったんだけど。

B : Na ja. **Aber man weiß nie, ob es nicht doch besser war,** als man denkt.

B：おや、まあ。でも考えているより良かったかもしれないよ。

A : Du bist doch am Wochenende nach Hamburg gefahren?

A：週末にハンブルクへ行ったでしょう？

B : Ja, aber **das ist ganz dumm gelaufen.**

B：うん、でもさんざんだったわ。

A : Warum denn? War es der Zug?

A：いったいどうしたの？ 列車が何か？

B : Nein, ich habe mich in der Adresse geirrt und kam zu spät. Da war er sauer*2 und wollte meine Entschuldigung nicht akzeptieren.

B：ううん、住所を間違えて遅刻したの。そうしたら彼は怒って、私が謝っても許してくれなかったの。

A : **Da kann man nichts machen. Vielleicht klappt es beim nächsten Mal.**

A：それは残念だったね、でも次はうまくいくよ。

 語彙 と 表現

*1 auf Rechunung（勘定で）。使い方の例として、„auf eigene Rechnung"（自分の費用で）。

*2 sauerは、本来「酸っぱい」という意味ですが、口語では「不機嫌な、怒っている」という意味でよく使います。ちなみにドイツでは、酸っぱいものを食べると、（くしゃくしゃした）笑い顔になると言われていますが、この点、矛盾があるかも知れません。

―――ことばコラム―――

【 Sprachgebrauch 】　表現のバリエーション

動詞だけでなく、名詞やgehenを使って、表現に変化をつけてみましょう。

・買い物をする：einkaufen, der Einkauf, Einkäufe machen, einkaufen gehen

・旅行をする：reisen, die Reise, auf Reisen gehen, eine Reise machen.

例：Ich kaufe heute ein. 私は今日、買い物をする。

Ich gehe einkaufen. 私は買い物をしに行く。

Ich mache heute noch Einkäufe. 私は今日まだ買い物をする。

Ich muss heute noch verschiedene Einkäufe erledigen.
私は今日まだいろいろと買い物をしなければならない。

過去の出来事・経験について尋ねる

Wo waren Sie〔im Urlaub / in den Ferien〕?
休暇中、どこに行ったのですか？

Wie war es?
（それは）どうでしたか？

Warst du schon mal in ... ?
…に行ったことがありますか？

Was hast du dort gemacht?
そこで何をしましたか？

過去の出来事・経験を語る

Ich war am Bodensee.
ボーデン湖に行きました。

Es war sehr schön.
とても素晴らしかったです。

Ja, sehr oft.
ええ、とても頻繁に。

Ich habe mir die Stadt angesehen.
町を見物しました。

〔Damals / Früher〕gab es dort ... .
〔当時／以前は〕そこに…がありました。

履歴書

Ich bin in Tokyo geboren.
私は東京で生まれました。

Als Kind habe ich viel draußen gespielt.
子供の頃は、外で遊んでばかりいました。

Ich bin auf die Grundschule in Nakano gegangen.
私は中野にある小学校へ行きました。

Ich habe die Mittel- und Oberschule in Shinjuku besucht.
私は新宿にある中学と高校へ行きました。

Dann habe ich an der Universität Tokyo
Wirtschaftswissenschaft studiert.
その後、東京大学で経済学を学びました。

Danach wurde ich von einer Bank eingestellt.
それから、銀行に就職しました。

解説

■ 過去の出来事について語る場合、ドイツ語では口語では過去形ではなく
現在完了形が好まれます。過去形は主として書き言葉で使われるわけ
ですが、sein (war)、haben (hatte)、それから話法の助動詞は、話し言葉
でも過去形がよく使われます。

ことばコラム

【 Sprachgebrauch 】 ことばのトレンド：ジェンダーニュートラルな表現（2）

(4) 言い回しを変える

Der Kandidat muss seinen Namen schreiben. → Bitte den Namen schreiben.
（男性形を使う） （男性形を避ける）

(5) 特別な書き方の導入

Lehrer　→ LehrerInnen　Lehrer*innen　　Lehrer:innen　　Lehrer/innen
総称形　→ Iを大文字　　ジェンダー星印　コロン　　　　斜線

人を意味する中立的な表現

Leute 人々、die Person 人 (die Personen 人々)、das Mitglied メンバー、~kraft
スタッフ(Arbeitskraft 従業員、Lehrkraft 教員）

＊トレンドなので、近い将来またどのような表現が広まるかは予測できません。

実際の会話で、練習しましょう

A. 子供の頃と学校時代

(1) In der Mittelschule　中学校　　　▶ 117

A : Was **hast** du in der Schulzeit gern **gemacht**?

A：学校時代は何をするのが好きだったの？

B : Als ich in die Mittelschule **ging, habe** ich gern Basketball **gespielt.** Und du?

B：中学時代は、バスケットボールが好きだったけど。君は？

A : Ich war als Mittelschülerin im Badminton-Club. Das **hat** mir großen Spaß **gemacht.**

A：私は中学時代、バドミントンクラブに入っていたの。すごく楽しかったわ。

B. 体験談を交換する

(1) Seeigel　ウニ　　　▶ 118

A : **Hast du schon einmal** Seeigel **gegessen**?

A：ウニを食べたことある？

B : Nein. Was ist ein Seeigel?

B：ううん、ウニって何？

A : Man kann nur das innere Fleisch essen. Es ist gelblich und sehr weich und ein bisschen bitter.

A：中身だけ食べることができるの。黄色くて、とても軟らかくて、ちょっと苦い。

B : Das kann ich mir nicht vorstellen.

B：うまく想像できない。

(2) Der Fuji　富士山　　　▶ 119

A : **Bist du schon einmal** auf den Fuji **gestiegen**?

A：富士山に一度は登ったことがある？

B : Nein, bisher noch nicht. Aber ich möchte es gern einmal machen. Und du?

B：ううん、今まで一度も。でも一度登ってみたいな。君は？

A : Ich **habe** schon andere Berge **bestiegen,** aber den Fuji noch nicht.

A：私は他の山には登ったことがあるけど、富士山はまだ。

A : **Warst** du schon einmal in Okinawa?

A : 沖縄に行った ことがある？

B : Ja, auf Miyako. Die Insel ist wunderschön. Das Wasser ist so blau. Und du?

B : うん、宮古島に。 島は素晴らしく 美しい。水が本当に青くて。 君は？

A : Ich auch. Ich **war** noch nicht auf Miyako, aber auf Ishigaki. Das ist wirklich beeindruckend.

A : 私も。宮古島には行ったことが ないけど、石垣島に一度。本当 に印象的。

B : Ja, das finde ich auch. Ich denke oft daran.

B : うん、私もそう思う。よく思い 出すな。

ことばコラム

【 Wortschatz 】　ペット

Hast du / Haben Sie ein Haustier / Haustiere? ペットを飼っていますか。

Ja, ich habe eine Katze und einen Wellensittich.
はい、猫を1匹とセキセイインコを1羽。

Nein, ich habe keine Haustiere. Ich habe eine Allergie.
いいえ、ペットはいません。私はアレルギーがあるので。

Haustiere ペット

der Hund 犬： der Rüde 雄犬　 die Hündin 雌犬　 die Welpen 子犬

die Katze 猫： der Kater 雄猫　 die Katze 雌猫　　 das Katzenjunge 子猫

der Fisch, die Fische 魚

Kleintiere 小動物

　der Hamster ハムスター / das Meerschweinchen モルモット

　das Kaninchen 小うさぎ / der Hase 野うさぎ

　der Vogel (Ziervogel) 鳥 (観賞用)

　der Wellensittich セキセイインコ / der Kanarienvogel カナリア

Tiere auf dem Bauernhof 家畜

das Pferd 馬：	der Hengst 雄馬	die Stute 雌馬	das Fohlen 子馬
das Rind 牛：	der Ochse 雄牛	die Kuh 雌牛	das Kalb 子牛
das Schwein 豚：	der Eber 雄豚	die Sau 雌豚	das Ferkel 子豚
das Huhn 鶏：	der Hahn 雄鶏	die Henne 雌鳥	das Kücken ひよこ
das Schaf 羊：	der Bock 牡羊	das Schaf 雌羊	das Lamm 子羊

説明する(etwas erklären) ▶ 121

Wie geht das?
どのようにしたらいいですか？

Können Sie mir das erklären?
それについて説明していただけますか？

Können Sie mir sagen, wie das funktioniert?
どうしたらちゃんと動くのか、教えていただけますか？

順序立てて説明する

Zuerst müssen Sie … .
最初に…しなければなりません。

〔Dann / Danach / Und dann〕… .
次に…をしてください。

Zuletzt müssen Sie … .
最後に…をしてください。

説明の要求に反応する

Kein Problem! Gern.
問題ありません！喜んで。

Na klar! Das ist ganz einfach.
もちろんですよ！とっても簡単です。

解説

■ 機械の取り扱いや道案内、各種手続きの方法など、日常生活では「説明」を求めたり、「説明」を受けたりする機会が多くあります。その際、相手の立場に立って、簡潔に順序よく、わかりやすく説明することが大切です。

■ 「説明」の際には、客観的なデータが必要とされることがあります。例えば、この本に関して数的な説明をしてみましょう。なお、数については【会話のパターン24.】で詳しく扱います。

▶ 122

In diesem Buch geht es um die deutsche Sprache. **Aber mehr als die Hälfte** des Textes ist auf Japanisch geschrieben.	この本はドイツ語に関する本です。しかしテキストの半分以上は日本語で書かれています。
Es **hat drei Teile**. Im ersten Teil geht es um sprachliche Mittel im Deutschen für die alltägliche Kommunikation.	3部に分かれています。第1部では、日常会話のためのドイツ語の表現を取り扱っています。
Der erste Teil **umfasst etwa 10%** des Textes. In Teil zwei werden **für 28** verschiedene Situationen sprachliche Mittel, Erklärungen und Modelldialoge angeboten.	第1部は全体の約10%です。第2部では28のさまざまな状況に応じた表現、そしてその説明と見本となるダイアローグが記されています。
Der zweite Teil **hat den größten Umfang.** Im dritten und letzten Teil wird Japan auf Japanisch und Deutsch anhand einer Auswahl von Themen vorgestellt. **Er umfasst etwa ein Drittel.**	第2部の量が最も多いです。最後の第3部では選択されたテーマに基づき、日本に関して日本語とドイツ語で紹介されています。全体の約3分の1を占めます。

ことばコラム

【 Wortschatz 】　名詞と形容詞：klein, eng, Dorf

日本語ではよく「世界は狭い」と言いますが、ドイツ語では「小さい(klein)」を使います。
Die Welt ist klein. 世界は小さい。Die Welt ist ein Dorf.世界は一つの村。
(*Die Welt ist eng.とは言いません。)

実際の会話で、練習しましょう

(1) Am Automat　自動販売機にて ▶ 123

A : **Wie funktioniert das?**　　　　A：これ、どう使うの？

B : Du musst **zuerst** das Geld einwerfen.　　B：最初にお金を入れて。

A : **Und dann?**　　　　A：つん、それから？

B : **Dann** drückst du hier auf den Knopf für das Getränk, das du willst.　　B：それから、欲しい飲み物のボタンを押して。

A : **Und dann?**　　　　A：そしたら？

B : **Dann** fällt die Flasche unten in das Fach und du holst sie heraus.　　B：そしたら下のボックスに瓶が落ちてくるから、それを取り出して。

A : Ach so. Alles klar.　　　　A：あっ、そうか。わかった。

(2) Rathaus　市庁舎 ▶ 124

A : Bitte, **wie komme ich zum Rathaus?**　　A：すみません、市庁舎にはどう行くのですか？

B : Nehmen Sie den Bus Nr. 14 in Richtung Bodenheim.　　B：14番のバスで、ボーデンハイム方面行きに乗ってください。

A : Und wo muss ich aussteigen?　　A：それでどこで降りたらいいですか？

B : Steigen Sie bitte am Marktplatz aus.　　B：マルクト広場で降りてください。

A : Danke schön.　　　　A：どうもありがとうございます。

B : Bitte schön.　　　　B：どういたしまして。

(3) Gestern　きのう

▶ 125

A : Was ist denn gestern passiert?

A : きのう何があったの？

B : Gestern?

B : きのう？

A : Ja, **erzähl mal!**

A : うん、話して！

B : Mein Bruder ist zu spät nach Hause gekommen. Und Papa war total sauer auf ihn.

B : 兄がとっても遅く家に帰ってきた。そしたらパパが兄のことにとても腹をたてたんだ。

A : Und **dann?**

A : それで？

B : Papa hat meinem Bruder verboten, am Wochenende seine Freunde zu treffen.

B : パパは兄が週末に友達と会うことを禁止したんだよ。

A : **Das kam bei uns früher auch vor.** Mein Vater war sehr streng.

A : それは私たちのところも以前よくあったわ。父はとても厳しかったの。

(4) Nach Nikko　日光へ

▶ 126

A : Am Wochenende sind wir nach Nikko gefahren.

A : 週末私たちは日光へ行ったんだ。

B : Hattet ihr schönes Wetter?

B : 天気は良かったの？

A : Ja, sehr schönes. Wir haben den Wasserfall gesehen.

A : ええ、とても。滝を見たわ。

B : Ah, toll. Und die Affen, habt ihr die Affen gefüttert?

B : ええ、すごいね。それと猿だけど、猿に餌はあげた？

A : Nein, das kommt nicht infrage. Anja ist erst fünf.

A : ううん、そういうことはないわ。アニャはまだ5歳だから。

描写する (etwas beschreiben)

A. 事物の描写 (etwas beschreiben) ▶ 127

相手に描写を求める

Können Sie ... (näher) beschreiben?
…を（もっと詳しく）描写していただけますか？

Wie sieht das aus?
外見はどんな感じですか？

相手の求めに反応する

Daran kann ich mich nicht erinnern.
思い出すことができません。

Ich kann dazu nur sagen, dass ... .
それについて言えることは、…だけです。

Ich möchte auf ... eingehen.
…について取り上げたいのですが。

相手の描写に反応する

Bei uns kam das nicht infrage.
私たちにとっては、それは問題になりません。

Das war bei uns〔nicht vorstellbar / auch so〕.
それは私たちにとって〔想像できない／同様の〕ことです。

Das ging mir genauso.
私も同様でした。

Das ging mir ganz anders.
私は全く異なりました。

B. 人物の描写（Personen beschreiben） ▶128

出身

Er kommt aus gutem Haus.
彼は良家の出身です。

Er ist (ein) waschechter Berliner.
彼は生粋のベルリンっ子です。

外見

Er ist〔groß / klein〕.
彼は〔背が高い／背が低い〕。

Er ist (ein bisschen)〔dick / schlank〕.
彼は(少し)〔太っています／痩せています〕。

Er hat〔einen / keinen〕Bart.
彼は髭をはやして〔います／いません〕。

Er hat〔eine / keine〕Brille.
彼はメガネをかけて〔います／いません〕。

Sie hat〔schwarze / blonde / kurze / lange〕Haare.
彼女は〔黒い／ブロンドの／短い／長い〕髪をしています。

性格

Er sieht〔nett / sympathisch / freundlich / lustig / interessant〕
aus.
彼は〔優し／感じよさ／親切／楽し／面白〕そうに見える。

会話例　実際の会話で、練習しましょう

A. 事物の描写

（1）Neue Handtasche　新しいハンドバッグ　▶ 129

A : Ich habe eine neue Handtasche gekauft.

A：新しいハンドバッグを買ったんだ。

B : Was für eine?

B：どんな？

A : Eine braune, kleine Handtasche. Zum Umhängen.

A：茶色の、小さいハンドバッグ。ショルダーの。

B : Ist die praktisch?

B：それは便利なの？

A : Ja, total.

A：うん、とても。

（2）Das Museum　博物館　▶ 130

A : **Wie sieht das Museum aus?**

A：博物館の外観はんな感じですか？

B : Es ist grau und hat eine moderne Architektur.

B：灰色でモダンな建築です。

A : Ist es groß?

A：大きいのですか？

B : Nein, es ist so hoch wie die anderen Häuser, aber es hat sehr große, hohe Fenster.

B：いいえ、他の家並みと同じ高さです。でもとても大きくて高い窓があります。

A : Eine Konstruktion aus Glas und Stahl?

A：ガラスと鋼鉄でできた建築物ですね？

B : Ja, genau.

B：ええ、その通りです。

B. 人物の描写

(1) Der neue Freund　新しいボーイフレンド　　　　▶ 131

A: Anja hat einen neuen Freund.

A：アニャに新しいボーイフレンドができたわ。

B: **Wie sieht der denn aus?**

B：いったいどんな外見の人？

A: **Er ist groß, ca. einen Meter 80. Er hat kurze schwarze Haare und ein schmales Gesicht.**

A：背が高くて、1メートル80センチくらい。髪は短くて黒く、顔がほっそりしているの。

B: Sieht der gut aus?

B：カッコいい？

A: Na ja, es geht. Er wäre nicht mein Typ.

A：まあね、まあまあってとこね。私のタイプではないけど。

(2) Marianne　マリアンネ　　　　▶ 132

A: Kannst du Marianne am Bahnhof abholen?

A：マリアンネを駅に迎えに行ってくれる？

B: **Wie sieht sie denn aus?**

B：どんな外見をしているの？

A: **Sie ist ungefähr 30, schlank, sportlich und hat kurze blonde Haare.**

A：30歳くらいで、細身で、スポーツウーマンタイプで、短いブロンドの髪をしている。

B: So sehen viele aus.

B：そういう人はたくさんいるよ。

A: **Sie trägt eine rote Brille.**

A：赤いメガネをかけている。

> ### ドイツ語（人）の発想・日本語（人）の発想

■ 何かのテーマに関して語る、説明するというのは、言語にかかわらず最も重要なコミュニケーション上の役割です。この本の第3部では、日本文化についてドイツ語で説明していきます。

A. 数と統計について述べる（über Zahlen und eine Statistik sprechen） ▶ 133

数（統計）について述べる

Mehr als〔gut / rund / etwa〕die Hälfte von uns machen ein Studium.
私たちの〔ゆうに半数／およそ半数／約半数〕が大学に進学しています。

Jeder zweite Student wohnt bei den Eltern.
学生の半数が両親のもとに住んでいます。

Etwa 10% der Studenten möchten im Ausland studieren.
学生の約10パーセントが留学を希望しています。

〔Nur / Knapp〕ein Viertel von uns macht regelmäßig Sport.
私たちの〔4分の1だけが／4分の1足らずが〕、定期的にスポーツをしています。

〔Die meisten von uns / Fast alle〕haben gute Zukunftsaussichten.
〔私たちのほとんどが／ほとんど全員が〕未来についてのよい見通しを持っています。

解 説

■ 数量を述べる場合、絶対的な数を挙げる場合と相対的数量を示す場合があります。

1）絶対的：3 Teile（3部）, 200 Seiten（200ページ）

2）相対的：（200ページほど）

mehr als die Hälfte（半分以上）＝ ca. 120 Seiten（約120ページ）
ca. 10 Prozent（約10パーセント）＝ ca. 20 Seiten（約20ページ）
mehr als ein Drittel（3分の1以上）＝ 60-70 Seiten（約60-70ページ）

B. 未来と予測（Futur und Vermutung） ▶ 134

未来に関する事実を述べる

In drei Jahren macht mein Sohn seinen Schulabschluss.
3年経ったら、息子は学校を卒業します。

未来に関して予測を述べる

Ich glaube, im 22. Jahrhundert wird … .
22世紀は…になっていると思います。

Ich vermute, dass … .
…と推測します。

Ich gehe davon aus, dass … .
私は…という前提から出発します。

Es wird wohl … .
たぶん…となるでしょう。

Vermutlich wird … .
おそらく…となるでしょう。

解説

- ドイツ語では、未来を表わす副詞（句）があれば、未来のことでも現在形を用いるのが普通です。また、werden を助動詞として動詞の不定詞とともに用いて未来形を作ります。その場合、1人称とともに用いられると「意志」、2人称ともに用いられると「命令」、3人称とともに用いられると「推量」を表わすことが多いです。

ことばコラム

【 Wortschatz 】 名詞と形容詞：hoch, Haus

Das Haus ist hoch. Das ist ein hohes Haus. 高い家
Das ist ein Hochhaus. 高層ビル
das hohe Haus 国会
haushoch verlieren 大敗を喫する

会話例 実際の会話で、練習しましょう

A. 人生設計とタイムスケジュール

(1) Noch 7 Jahre　あと7年　▶ 135

A : Wann gehst du in Rente*1?
A : いつ年金生活に入るの？

B : Mit 65.
B : 65歳だよ。

A : Wie lange musst du noch arbeiten?
A : あと何年働かなければならないの？

B : Noch 7 Jahre.
B : あと7年さ。

(2) In*2 drei Wochen　3週間後　▶ 136

A : **In drei Wochen ist schon Weihnachten.**
A : あと3週間でもうクリスマスね。

B : Ja, wir feiern zu Hause. Und ihr?
B : うん、私たちは家でお祝いするよ。君たちは？

A : Wir gehen zum Skifahren.
A : 私たちはスキーへ行くの。

B : Schönen Advent noch!
B : よい待降節を！

A : Danke ebenfalls.
A : ありがとう、そちらも。

B. 予測(願望)

(1) Im Lotto gewinnen　ロトくじに当たる　▶ 137

A : **Was würdest du machen, wenn du im Lotto gewinnen würdest?**
A : ロトくじに当たったら、どうする？

B : **Wahrscheinlich** eine Reise um die Welt, ein Jahr lang. Und du?
B : 世界一周旅行をしたいな、一年かけて。君は？

A : Das weiß ich gar nicht. Lange schlafen, **vielleicht** ein Auto kaufen.
A : まったくわからない。たくさん寝て、もしかしたら車を買うかも。

(2) Das neue Jahr　新年　　　　　　　　　　　▶ 138

A : **Was das neue Jahr wohl bringen wird?**

A : 新しい年はどうなると思う？

B : Das kann man nur vermuten. **Die Wirtschaft wird vielleicht besser.**

B : それは推測するしかないね。経済はひょっとしたら良くなるかもしれない。

A : Meinst du? Ich denke eher, dass die Preise steigen.

A : そう思う？ 私はむしろ物価が上がると思うけど。

B : **Vermutlich werden auch die Steuern erhöht.**

B : たぶん税金も上がるかも。

A : Hoffentlich nicht!

A : それはないといいのだけれど。

(3) Nehmen wir mal an　…と仮定したら　　　　▶ 139

A : **Nehmen wir mal an,** Sie sind Millionär.

A : もしあなたが大富豪だと仮定したら…

B : Dann würde ich sofort aufhören zu arbeiten.

B : そうしたらすぐに仕事をやめる。

語彙 と 表現

*1 〔in / auf〕Rente gehen「（口語で）年金生活に入る」。

*2 未来を表わす副詞句を作る前置詞ですが、inはこれから経過する期間の後を表わします。例えば „In zwei Wochen sind schon die Sommerferien."（2週間後）。過去に経過した期間にはnachを用います。„Nach zwei Wochen sind sie nach Deutschland zurückgeflogen."

批判をする

〔Leider muss ich / Ich möchte〕den Plan ein bisschen kritisieren.

その計画について〔残念ながら少し批判すべきだ／少し批判したい〕と思います。

Darf ich auch etwas bemängeln?

少し批判してもいいですか？

Die Aussage / Der Plan ist umstritten.

その発言／その計画には異論の余地があります。

Dieser Satz ist unklar und wird unterschiedlich interpretiert.

この文は曖昧で、解釈がいくつかできます。

Dieses Design ist altmodisch und gefällt mir nicht.

このデザインは古臭くて気に入りません。

Das ist ein Vorurteil.

それは偏見です。

肯定的な批判

konstruktive Kritik üben

建設的な批判をする

gute Kritik(en) bekommen

良い批判を受ける

否定的な批判

destruktive / heftige Kritik üben

非建設的な／激しい批判をする

vernichtende Kritik(en) bekommen

酷評を受ける

■ 解 説 ▶

■ 【会話のパターン1.】「意見を述べる」、【会話のパターン11.】「助言する」
と共通する部分があります。

■ 建設的な批判は、変化や改善を可能にしてくれます。批判の理由と基準
は明確でなければなりません。批判が受け入れられるのかどうか、事態
が改善されるかどうかはわかりません。その点で、「苦情」（事態の改善
を求める）とは異なります。

■「…を批判する」は、動詞を用いて kritisieren + 4格、形容詞を用いて
kritisch sein、sich⁴ kritisch äußern、名詞を用いて Kritik an + 3格 üben な
どの表現が使えます。

■「建設的な批判」は konstruktive Kritik と言います。反対に「非建設的な
批判」は destruktive Kritik と言います。

▶ ドイツ語（人）の発想・日本語（人）の発想

■ ドイツでは、客観的な批判と個人的な意見をはっきりと区別します。相
手のことを好きか嫌いかどうかにかかわりません。「批判」は、行ないに
対して向けられるのであって、それを行なった人物にではありません。
「批判」の様々な形として、芸術や文学等の批評が新聞やラジオ、テレビ
に見られます。

┌─ ことばコラム ─

[Sprachgebrauch]　ことばのトレンド：バリアフリーな言語

やさしいドイツ語──やさしい表現を使ったドイツ語は、とりわけドイツの学習
障害・記憶障害、読み書き障害などを持った人々のためのものです。
簡単なことばで内容が表現されているだけでなく、分かりやすいことが大切で
す。やさしいドイツ語は子どもや青少年、さまざまな国からドイツに来て暮らし
ている人々のためだけでなく、すべての人々のためのものです。
テレビ、ラジオ、インターネット、新聞には、子どもニュースに加えて、やさしいド
イツ語のニュースがあります。やさしいドイツ語には次のような特徴があります。

・簡単でよく知られた語彙を使う。　　・難しい語は説明する。
・短く、簡単な文を使う。　　　　　　・絵やイラストを使う。
・長い語は中間にハイフンを入れる。（ 例 : Bundes-kanzler）
・専門用語・外来語・短縮形を使わない。（ 例 : z. B. ではなく zum Beispiel）

会話例　実際の会話で、練習しましょう

(1) Ein Foto　一枚の写真　　▶ 141

A : Wie findest du das Foto?

B : **Das finde ich nicht so gut.**

A : Warum denn?

B : Das Bild ist nicht scharf. Das Gesicht ist nicht in der Mitte.

A : Oh, tatsächlich. Dann mache ich es noch einmal.

A：この写真、どう思う？

B：あまり上手じゃないね。

A：どうして？

B：ピントかはっきりと合っていないし。顔が中央にきていない。

A：あっ、本当だわ。じゃあ、もう一度写すね。

(2) Der Brief　手紙　　▶ 142

A : Ich habe einen Brief geschrieben.

B : Zeig mal. Aber hier ist kein Datum. Und da fehlt die Unterschrift.

A : Brauche ich ein Datum?

B : Ja, ein Brief oder eine Postkarte braucht ein Datum.

A : Und die Unterschrift?

B : Die ist auch notwendig. Es ist sonst nicht persönlich.

A : Gut, danke.

A：手紙を書いたんだけど。

B：見せてみて。でもここに日付がない。それからそこに署名していない。

A：日付が必要なの？

B：うん、手紙や葉書は日付が必要だよ。

A：それから署名も？

B：それも必要だね。そうでないと、個人的な手紙でなくなるから。

A：わかった、ありがとう。

A : Hast du schon die Zeitung
gelesen?

A：もう新聞読んだ？

B : Nein, warum?

B：ううん、何で？

A : Du warst doch auch am
Samstag bei dem Konzert?

A：あなたも土曜日にコンサートに
行ったでしょ？

B : Ja, warum?

B：そうだけど、何で？

A : **Es hat eine vernichtende
Kritik bekommen.**

A：そのコンサートが酷評されたのよ。

B : Das finde ich nicht fair.

B：それはフェアじゃないと思う。

A : Du hast dich ja gut auf die
Präsentation vorbereitet.

A：プレゼンの準備、よくできてい
たね。

B : Ja, das war viel Arbeit, all die
Daten zu sammeln.

B：うん、すべてのデータを集める
のは大変だったよ。

A : Ich fand deine Graphiken sehr
anschaulich.

A：あなたの図表はとてもわかりや
すかったと思う。

B : Danke.

B：ありがとう。

A : **Darf ich auch etwas
bemängeln?**

A：少し批判をしてもいいかしら？

B : Ja, klar. Nur zu.

B：うん、もちろん。どうぞ。

A : Du solltest beim Sprechen zu
den Zuschauern blicken und
nicht zur Wand.

A：話す時には聴衆の方へ視線を向
けるべき。壁でなく。

B : Oh, danke, das ist mir gar
nicht bewusst.

B：ああ、ありがとう。全く気づか
なかった。

苦情を言う

sich⁴ bei jm über + 4格 beschweren
人³に…⁴ついて苦情を言う

eine Beschwerde gegen + 4格 vorbringen
…⁴に対して文句を言う

eine Beschwerde gegen + 4格 einreichen
…⁴に対して抗告する

Da muss ich Ihnen widersprechen.
お言葉を返すようですが。

Das ist ein Irrtum.
それは勘違いです。

Ihre Theorie ist widersprüchlich.
あなたの理論は矛盾しています。

肯定的な反応

die Beschwerde annehmen
苦情を認める

否定的な反応

die Beschwerde
〔zurückweisen / ablehnen〕
苦情を〔退ける／拒否する〕

解説

■「苦情」は、自分の不満を表現し、相手に改善を求めるものです。「批判」はそれだけで終わってしまうこともありますが、「苦情」には効果が伴います。「苦情」の反意語は、「賞賛」です。

■ reklamieren「クレームをつける」、sich beschweren「苦情を言う」、kritisieren「批判する」という三つの行為の違いは流動的で定かではありません。reklamieren「クレームをつける」というのは、保証付きの購買済み商品、例えばテレビや旅行などを含めた商品と関係があります。sich beschweren「苦情を言う」というのは、期待していた物事や状況、人物と関係しており、その期待が満たされない場合、例えば音楽がうるさすぎる場合に苦情を言います。実際、「批判」と「苦情」はある事に対する期待、状況、人物と結びついています。その区別は状況によります。

【 Sprachgebrauch 】 機能動詞構造

コロケーションと言えば、しばしば決まった名詞と動詞の結びつきが話題になります（**例**：die Hand geben, die Brille putzen）。ほかにも、いわゆる機能動詞構造があります。コロケーションと似ていますが、他の特徴もあります。いずれも、まとめてひとつの意味に理解される熟語表現とは区別されます。

たいていの機能動詞構造は、言い換えが可能です：

(a) Ich beantrage Urlaub. (beantragen, B1+レベル, 日常会話・ビジネスの場面)
　　私は休暇を申請する。

(b) Ich stelle einen Urlaubsantrag. (einen Antrag stellen, B2レベル, 専門的・役所の窓口など) 私は休暇申請を行なう。

(c) Ein Urlaubsantrag wird von mir gestellt.
　　休暇申請が私によって行なわれる。

しかし、すべての機能動詞構造が言い換えられるわけではありません：

in Schwung kommen – Das Fest kommt in Schwung. 祭りが活気づく。

機能動詞を使うことによって、状況や現象に変化をつけることができます。意味の焦点が名詞に置かれ、動詞が相（S. 131 ことばコラム参照）を変化させます。

例1：verhandeln, Verhandlung

(a) Verhandlungen aufnehmen 交渉を始める

(b) Verhandlungen führen 交渉を行う

(c) Verhandlungen abschließen 交渉を終える

(d) die Verhandlungen kommen in Gang 交渉が動き始める

例2：sprechen, Gespräch

(a) ein Gespräch beginnen 対話し始める

(b) ein Gespräch aufnehmen 対話を始める

(c) ein Gespräch führen 対話する

(d) ins Gespräch kommen（偶然）対話になる

(e) ein Gespräch abschließen 対話を終える

実際の会話で、練習しましょう

A. クレーム

(1) Versandhandel　通信販売　　　　　　　　　► 146

A : Gestern habe ich den Pullover erhalten. **Ich möchte mich bei Ihnen beschweren, weil** er anders ist, als was ich bestellt habe.

A：昨日セーターが届きました。注文していたものと異なるので、苦情を言いたいのですが。

B : Oh, Entschuldigung! Sollen wir Ihnen erneut den richtigen zuschicken?

B：あっ、すみません！ 改めて正しい商品をお送りしましょうか？

(2) Garantie　保証　　　　　　　　　　　　► 147

A : Ich habe hier ein Radio gekauft. **Aber es funktioniert nicht.**

A：私はここでラジオを買いました。でも使えません。

B : Haben Sie noch die Quittung?

B：まだ領収書をお持ちですか？

A : Ja hier.

A：はい、ここに。

B : Die Garantie gilt noch. Ich werde nachsehen, ob eine Reparatur möglich ist. Wenn nicht, erhalten Sie ein neues Gerät.

B：まだ保証期間ですね。修理が可能かどうか、調べてみます。もしだめなら、新しいのをお持ちください。

A : Danke.

A：ありがとう。

B. 苦情

(1) Zu laut　うるさすぎる　　　　　　　　　　▶ 148

A : Können Sie Ihre Musik bitte leiser machen, **das ist zu laut.**

A : 音楽のボリュームを下げてもらえませんか？ 大きすぎます。

B : Wie bitte?

B : えっ、何ですか？

A : **Ihre Musik ist zu laut.**

A : 音楽がうるさすぎるんです。

B : Zu laut, aber ich habe einen Kopfhörer.

B : うるさすぎると言われても、私はヘッドホンをしています。

A : Trotzdem. Ich kann es hören.

A : それでも、音が聞こえます。

B : Ja ja, ich mache es leiser.

B : はい、はい。ボリュームを下げます。

(2) Lehrer und Eltern　教師と親　　　　　　　　▶ 149

A : Leider müssen wir sagen, dass Sie unseren Kindern zu viele Hausaufgaben geben.

A : 申し訳ありませんが、先生は子供たちに宿題を与えすぎているのではと思うのですが。

B : **Da muss ich Ihnen widersprechen,** weil es nötig ist.

B : お言葉を返すようですが、必要だからです。

A : Aber Ihr Unterricht ist schon anspruchsvoll und die Hausaufgaben sind sehr schwierig.

A : でも先生の授業は高度で、宿題は難しいです。

ことばコラム

【 Sprachgebrauch 】　動詞の相

(1) 継続相：状態、出来事、経過、現象、活動

動詞 sein: krank sein, reich sein; schlafen, liegen, Angst haben など。

(2) 起動相・終了相：状態や出来事の変化（開始、終了）

krank werden 病気になる、aufwachen 目覚める、in Gang kommen 動き出す、verblühen（花が）咲き終わる、austrinken 飲み干す

(3) 使役相：状況変化の作用を表現

auf den Tisch legen 机の上に置く、Angst machen 怖がらせる

かかってきた電話に出る

(Hier) Schmidt.
こちら、シュミットです。

Firma ... , guten Tag!
（こちら）…会社です、こんにちは。

（かけた人物が）名前を名乗り、要件を伝える

Hier spricht ... .
こちら…と申します。

Ich möchte ... sprechen.
…さんと話したいのですが。

Können Sie mich bitte mit 〔 Frau / Herrn ... 〕 verbinden?
…さんにつないでいただきたいのですが。

電話の取り次ぎを請け負う

Einen Moment bitte!
Ich stelle Sie durch.
少々お待ちください。内線におつなぎします。

Augenblick, ich verbinde
Sie mit 〔 meiner Kollegin /
meinem Kollegen 〕.
少々お待ちください。同僚におつなぎします。

Bleiben Sie bitte am
Apparat.
そのまま切らずにお待ちください。

電話の取り次ぎができない

... spricht gerade.
…はただ今話し中です。

Es tut mir leid, aber ... ist
gerade außer Haus.
申し訳ないのですが、…は今、外出中です。

Herr / Frau ... ist gerade
nicht am Platz.
…さんは今、席を外しています。

もう一度かけて欲しい

Können Sie bitte später noch einmal anrufen？
後でもう一度かけ直していただけますか？

こちらからかけ直す

Kann〔 sie / er 〕Sie zurückrufen?
こちらからかけ直させましょうか？

伝言を残すように頼む

Kann ich〔 ihr / ihm 〕etwas ausrichten?
〔彼女に／彼に〕伝言いたしましょうか？

ドイツ語(人)の発想・日本語(人)の発想

■ 電話の会話には、順序だった一連の表現があります。ドイツ語で「もしもし」はHallo!です。電話を受けた人が、自分の会社名や個人名を„Schneider!"„Firma ABC Schneider, guten Tag!"のように一気に名乗り、「こちら…です」と言うところが面白いです。

ことばコラム

【 Sprachgebrauch 】 新語や外来語とその性

ドイツ語に新しい名詞が入ってくると何が起こるでしょう。どの語にも性があり、冠詞が必要です。名詞の性がない日本語や英語から入ってきた語にも必要になります。たとえば、der Tofu, das Sushi, der Bonsaiなど。その際、無意識に使われている3つのルールがあります。

(1) 音構成：oやuはドイツ語で男性的な音である。**例**：der Job, der Kimono

(2) 意味的に近い語の性になる。**例**：das Telefon, das Handy, das Smartphone.

(3) 元の言語の性を引き継ぐ。**例**：la grappa はイタリア語で女性名詞、ドイツ語でもdie Grappa（音構成的にもaで終わる語は女性名詞が多い）。ドイツ語で意味的に近い焼酎はder Schnapsで男性名詞である。

ときどき2種類の冠詞が使われる場合があります。たとえば、der Joghurtとdas Joghurt、die E-Mail（die Post）とder E-Mail（der Brief）など。ドイツ語には、それを決定する機関がありません。ドイツ語を話す人々の使い方の習慣によって決まります。

会話例 実際の会話で、練習しましょう

(1) Reparatur 修理　　　　　　　　　　　　　　　　　▶ 151

A : **Schmidt.**

B : **Hier Firma Meier.** Guten Tag.

A : **Ja, bitte.**

B : Die Reparatur ist fertig. Sie können sie abholen.

A : Vielen Dank! Dann komme ich morgen.

B : Gut. Bis morgen. **Auf Wiederhören.**

A : **Auf Wiederhören.**

A：シュミットですが。

B：こちらマイヤー社です。こんにちは。

A．ああ、どうも。

B：修理が終わりました。取りに来てください。

A：どうもありがとうございます。じゃあ、明日伺います。

B：結構ですよ。ではまた明日。さようなら。

A：さようなら。

(2) Firma Spor シュポール社　　　　　　　　　　　　▶ 152

A : **Firma Spor. Becker am Apparat.** Guten Tag.

B: **Monika Meier.** Guten Tag. **Kann ich bitte Herrn Knoll sprechen?**

A : **Ich stelle Sie durch.** Wie war Ihr Name bitte?

B : Meier. Monika Meier.

A : **Augenblick bitte.**

(knack)

C : **Knoll am Apparat.**

B : **Hier ist Monika Meier.**

C: Ah, Frau Meier, guten Tag.

A：シュポール社です。ベッカーです。こんにちは。

B：こちらモニカ・マイアーです。こんにちは。クノルさんとお話ししたいのですが。

A：内線におつなぎします。どちら様でしたっけ？

B：マイアーです。モニカ・マイアー。

A：少々お待ちください。

(パチッ)

C：クノルですが。

B：こちらモニカ・マイヤーです。

C：あっ、マイヤーさん、こんにちは。

A : **Schneider.**

A：シュナイダーです。

B : Guten Tag, Frau Schneider. **Hier ist Klaus Bauer.**

B：こんにちは、シュナイダーさん。 こちらクラウス・バウアーです。

A : Ah, Klaus, guten Tag.

A：あっ、クラウス。こんにちは。

B : Ist Peter da?

B：ペーターは家にいる？

A : Nein leider nicht. Er hat heute Fußballtraining. Bist du heute nicht gegangen?

A：ううん、残念ながら。今日はサッカーの練習があるの。君は今日行かなかったの？

B : Nein, ich habe eine Erkältung. **Kann ich später nochmal anrufen?**

B：行かなかったんです。僕は風邪をひいているので。後でもう一度電話をしてもいいですか？

A : Ja, kein Problem. Ich sage Peter Bescheid.

A：ええ、いいわよ。ペーターに伝えておくわ。

B : Danke Frau Schneider, **auf Wiederhören**.

B：ありがとう、シュナイダーさん。 さようなら。

A : **Wiederhören** Klaus und gute Besserung.

A：さようなら、クラウス。お大事に。

（4）**Anrufbeantworter einer Firma** 会社の留守番電話 ▶ 154

A : Hier ist ABC Versicherung, guten Tag! Leider rufen Sie außerhalb unserer Geschäftszeiten an. Bitte hinterlassen Sie Ihre Nachricht nach dem Signalton. Wir rufen Sie bald möglichst zurück. Vielen Dank und auf Wiederhören!

A：こちらABC保険会社です。現在、営業時間外です。合図の後に、メッセージをお残しください。こちらからできるだけ早くかけ直します。ありがとうございます。失礼いたします。

B : Hier spricht Sabine Bauer. Ich wollte Herrn Müller wegen meines Autoschadens anrufen. Ich bitte um Ihren Rückruf am Montagvormittag.

B：こちらザビーネ・バウアーです。私の車の損害の件で、ミュラーさんとお話ししたかったのですが。月曜日の午前中にお電話ください。

天気を尋ねる

Wie ist das Wetter heute?
今日の天気はどうでしょうか？

天気について述べる

Es ist sonnig. / Die Sonne scheint.
晴れです。

Es regnet.
雨です。

Es schneit.
雪です。

Es ist windig.
風が強いです。

Es ist〔bewölkt / wolkig〕.
曇りです。

Es ist neblig.
霧がでています。

Es donnert und blitzt.
雷が鳴ります。

気温について述べる

Es ist heiß. Es sind 30 Grad.
暑いです。気温は30度です。

Es ist kalt. Es ist minus ein Grad.
寒いです。マイナス1度です。

Es ist kühl. Es sind plus 15 Grad.
涼しいです。15度です。

天候について語る

Die Temperaturen sind (sonst)〔 nicht niedriger als / nicht höher als 〕 ... .

（さもなくば、）気温は〔…度以下／…度以上〕になりません。

Es ist sonst〔 wärmer / stürmischer / feuchter 〕 als heute.

さもなくば、今日より〔暖かい／荒れた／蒸した〕天気になるでしょう。

Normalerweise ist das Wetter in ～ ... .

～の天気は、普通は…です。

Die Temperaturen steigen, weil die Menschen zu viel CO_2 produzieren.

二酸化炭素の排出量が増えたため、気温が上昇しています。

ドイツ語（人）の発想・日本語（人）の発想

■ スモールトークには、どのようなテーマが合うのでしょう？ ドイツでも日本のように、食事、スポーツ、天気などが良いテーマです。その他、趣味や旅行、それから仕事や職業教育なども向いています。テーマの選択はその時の状況によります。プライベートなのか、仕事上なのか、という違いです。年齢や既婚かどうか、子供がいるかなどのプライベートなテーマを、公的な仕事とか、公的な状況で話題にすると、厚かましく受け取られることでしょう。

ことばコラム

【 Sprachgebrauch 】 スポーツの種類：ドイツ語・英語比較

Korbball – Basketball, Federball – Badminton, Kegeln – Bowling spielen

いくつかのスポーツ種目には、ドイツ語本来の名称があります。たとえば、バドミントンはFederball、バスケットボールはKorbballと呼ばれることがあります。しかし、ドイツ語と英語の種目名は、同じ種目でありながら異なるタイプのスポーツを指すことがあります。バドミントン、バスケットボールというと、たいてい競技スポーツを思い浮かべますが、Federballというと、家族や友人たちと過ごす晴れた日を思い浮かべます。Korbballは学校時代を思い出します。Kegelnとボーリングもいくつかの点で異なります。ボーリングの「ストライク」（10本のピン）は、Kegelnでは „alle neune"（9本全部）と言います。「とても良い、完璧、勝った」などの意味でも使われます。

会話例 実際の会話で、練習しましょう

(1) Fußball　サッカー　　　　　　　　　　　　　　▶ 156

A : Wie geht's?

A：元気？

B : Es geht so. Und selbst?

B：まあまあだね。で、君自身は？

A : Na ja. Es geht so. Hast du gestern Fußball gesehen ?

A：まあ、まあまあね。きのう、サッカーの試合見た？

B : Die haben schon wieder verloren.

B：また負けたね。

A : Ja, unmöglich. Ich kann es nicht mehr ertragen.

A：ああ、あり得ないわ。もう絶対に見たくない。

B : Die spielen nicht, die stehen nur auf dem Feld.

B：試合をしているんじゃなくて、ピッチに立っているだけね。

(2) Wetter　天気　　　　　　　　　　　　　　　　▶ 157

A : Wie geht es Ihnen?

A：お元気ですか？

B : Sehr schlecht. Es ist so heiß.

B：全然元気じゃないですよ。あまりに暑くて。

A : Ja, dieser Sommer ist sehr heiß.

A：ええ、この夏はすごく暑いですね。

B : Ich gehe kaum noch aus dem Haus.

B：ほとんど家から出ていません。

A : Für mich ist das auch unerträglich.

A：私も耐えられません。

B : Was soll man da noch machen?

B：どうしたらいいんでしょうかね？

A : Ich weiß es auch nicht. Schlafen.

A：私にもわかりません。寝るとか。

B : Ja, Sie haben ganz recht. Sonst kann man nichts machen.

B：ええ、まったくその通りです。仕方がありません。

(3) Meine Nachbarin　私の隣人　　　　▶158

A: Sind Sie schon lange in Japan?　　A：もう日本は長いのですか？

B: Na ja, 8 Jahre.　　B：まあ、8年といったところです。

A: Woher kommen Sie denn?　　A：どこのご出身ですか？

B: Aus Deutschland.　　B：ドイツです。

A: Ach so. In Deutschland gibt es gutes Bier.　　A：あっ、そうですか。ドイツには美味しいビールがありますね。

B: Na ja, auch. Trinken Sie gern Bier?　　B：まあ、それもあります。ビールはお好きですか？

A: Ja, sehr gern. Übrigens, können Sie Natto essen?　　A：ええ、とても。ところで納豆は食べられますか？

B: Ja, ich esse gern Natto. Und Sie?　　B：ええ、好きです。あなたは？

A: Nein, gar nicht, es stinkt so.　　A：いいえ、全然。ひどく匂うので。

(4) Wetterbericht　天気予報　　　　▶159

A: Schönes Wetter heute! Bleibt das Wetter weiter so?　　A：今日もいい天気ね。この天気はこのままもつかしら。

B: Nach dem Wetterbericht soll es bald bewölkt werden und sogar ein Gewitter am Abend geben.　　B：天気予報によれば、これから雲が出てきて、晩には雷雨になるようだよ。

A: Oh, nein! Dann muss ich bald nach Hause gehen!　　A：それはないわね！ じゃあ、すぐに家に帰らないと。

A-1. 改まった手紙（Brief formell）の様式

発信場所、日付 Ort, Datum	（右寄せで）　　Tokyo, den 25. September 2022
呼びかけ Anrede	Sehr geehrte Frau ... , ／ Sehr geehrter Herr ... ,
導入 Einleitung	
本題 Anliegen	
結び Abschluss	
あいさつ Gruss	Mit freundlichen Grüßen
署名 Unterschrift	（Ihr／Ihre）Peter Schmidt（姓名）

A-2. 私的な手紙（Brief informell）

発信場所、日付	Tokyo, den 25. September 2022
呼びかけ	Hallo ... , ／ Lieber ... , ／ Liebe ...
導入	
本題	
結び	
あいさつ	Viele Grüße , ／ Herzliche Grüße , ／ Alles Gute
署名	（dein／deine）Harumi（名前のみ）

B-1. オフィシャルメール（Mail formell）

呼びかけ	Sehr geehrte Frau ... , / Sehr geehrter Herr ... ,
導入	(Falls Antwort)手紙に対する返答がある場合
本題	(Anliegen)要件 (Erklärung)説明
結び	Ich danke Ihnen für Ihre Hilfe. お手伝いいただきありがとうございます。 In Erwartung Ihrer Antwort. お返事お待ちしています。
あいさつ	Mit freundlichen Grüßen
名前	(Ihr / Ihre) Monika Meier（姓名）

B-2. プライベートメール（Mail informell）

呼びかけ	Hallo ... , / Lieber ... , / Liebe ... ,
導入	
本題	
結び	
あいさつ	Viele Grüße, / Liebe Grüße
名前	(dein / deine) Kaoru（名前のみ）

解説

■ 呼びかけの後にはコンマがくるので、後に続く文（導入部）の最初の文字は小文字になります。

■ 手紙やメールでは、以前は相手に対する敬意の意味を込めて、du を大文字で書くことが規則でしたが、現在ではその限りではありません。ただ年配の人の中には、特に手紙の場合に Du と大文字で書く人も多くいます。

■ あいさつの後にはコンマは付けません。

Vielen Dank für 〔 Ihren Brief / Ihre Mail 〕. Ich habe mich sehr darüber gefreut. (オフィシャル)

〔手紙/メール〕をどうもありがとう。とても嬉しかったです。

Ich habe mich sehr über 〔 Ihren (deinen) Brief / Ihre (deine) Mail 〕 gefreut. Vielen Dank! (プライベート)

あなたから〔手紙/メール〕をいただき、とても嬉しかったです。どうもありがとうございます。

〔 Vielen / Herzlichen 〕 Dank für 〔 Ihre / deine 〕 Einladung 〔 Gern ... / Leider ... 〕. (オフィシャル/プライベート)

ご招待いただき〔大変/心より〕感謝いたします。喜んで…/残念ながら…。

Ich würde mich freuen, bald von 〔 Ihnen / dir 〕 zu hören. (プライベート)

近いうちにあなたからお手紙 (メール) をいただければ嬉しいです。

Über eine schnelle Antwort würde ich mich sehr freuen. (プライベート)

早くお返事いただければ、大変嬉しいです。

Im Voraus vielen Dank für Ihre Mühe. (オフィシャル)

あなたのお骨折りに対し、予めお礼を申し上げます。

Herzlichen Dank im Voraus. (オフィシャル)

前もって心よりお礼申し上げます。

〔 Grüßen Sie / Grüß(e) 〕 bitte ... ganz herzlich von mir. (プライベート)

…さんに、私からくれぐれもよろしくとお伝えください。

実際の例

A-1. 改まった手紙 ― 契約の解約通告　　　　　　▶ 160

Vorname Name　　　　　　　　　　Tokyo, den 15. April 2022
Adresse

An die
ABC Versicherungs AG
Berlin

Sehr geehrte Damen und Herren,
hiermit möchte ich meine Unfallversicherung bei der ABC
Versicherungs AG mit der Versicherungsschein-Nr. 123-XYZ
fristgemäß zum Ablauf des laufenden Versicherungsjahres
kündigen.
Gleichzeitig widerrufe ich hiermit die Bezahlung per
Kreditkarte.

Mit freundlichen Grüßen
Unterschrift (Vorname Name)

名前・名字　　　　　　　　　　　　　　東京、2022年4月15日
住所

ABC保険株式会社
ベルリン

拝啓
ABC保険株式会社、保険証番号 Nr. 123-XYZの事故保険を、現在の契約期限の
終了をもって解約いたします。同時にクレジットカードによる支払いも取
り消しいたします。

　　　　　　　　　　　　　　　　　　　　　　　　　　　敬具

署名　　名前・名字

解説

■ 公の手紙では、日付と署名が入っていなければなりません。そうでない
と法律上有効とされません。

Hamburg, den 21. November 2022

Liebe Susanne,
vielen Dank für deinen Brief vom vergangenen Mai. Und
bitte entschuldige, dass ich so spät antworte. Ich hatte eine
Erkältung und danach wieder viel Arbeit. Jetzt ist es schon
Herbst geworden.
Heute hätte ich auch eine Bitte an dich. Wir waren
doch Anfang Mai zusammen in Berlin. Das war eine
wunderschöne Reise und ich erinnere mich so gern daran.
Am ersten Tag waren wir in einem kleinen Restaurant. Es
war so gemütlich und hat ausgezeichnet geschmeckt. Kannst
du dich noch an den Namen erinnern? Meine Nichte möchte
eine Reise nach Berlin machen und ich würde ihr gern den
Namen von dem Restaurant sagen.
Bald ist schon wieder Weihnachten. Machen wir im
kommenden Jahr wieder gemeinsam eine Städtereise? Hast
du schon eine Idee? Unser „Damentreffen" ist eine so schöne
Abwechslung.
Lass es dir gut gehen und herzliche Grüße

deine
(署名) Elisabeth

ハンブルク、2022年11月21日

親愛なるズザンネ

5月にもらった手紙、どうもありがとう。返事が遅くなってごめんさい。風邪
を引いてしまい、その後仕事も忙しかったの。もう秋になってしまったわね。

今日、実はあなたにお願いがあるの。5月の初旬に一緒にベルリンへ行った
でしょ？ あの旅行は素晴らしかった。今でもよく思い出すわ。

初日に小さなレストランで食事をしたわね。雰囲気が良くて食事も最高だっ
た。レストランの名前、まだ憶えている？ 姪がベルリンに旅行するので、彼
女にレストランの名前を是非教えてあげたいの。

もうすぐまたクリスマスが来るわ。来年も一緒にどこかの都市を訪ねてみ
ない？ いいアイデアがある？ 私たちの女性同士の集まりは、素晴らしい気
分転換になるのよ。

元気でね、心をこめて
あなたの　エリーザベト

Sehr geehrte Frau Meier,
mein Name ist Anja Bruckner. Mein Studienkollege hat mir
Ihre E-Mailadresse gegeben.
Ich bin hier Austauschstudentin und möchte gern einmal
Ihren Deutschunterricht besuchen. Wann und wo wären Sie
denn am besten anzutreffen?

Mit freundlichen Grüßen
Anja Bruckner

拝啓　マイヤー様
私の名前はアニャ・ブルックナーです。大学の学友にあなたのメールアド
レスを教えてもらいました。
私は留学生で、ドイツ語の授業に一度出てみたいと思っています。いつ、ど
こであなたにお会いすることが一番良いでしょうか？

敬具
アニャ・ブルックナー

解説

- 会社や団体に初めてメールを出す時や、相手を特定しない場合、担当者
の名前がわからない場合には、Sehr geehrte Damen und Herren, のよう
に呼びかけます。

- 複数の人に宛てるメールでは、Liebe Kolleginnen und Kollegen, のよう
に女性から先に、またオフィシャルメールでは、組織内の上の人から先
に呼びかけます。

- メールの場合には、メールの署名機能（自動署名）を利用する人も多く
います。

Liebe Erika,
danke schön **für deine** großzügige Hilfe!
Bei uns läuft das Semester noch. Gerade haben wir
Prüfungswoche.
Hier schicke ich dir eine Word-Datei.
Könntest du die Grammatik und Ausdrücke einmal ansehen?
Viele Grüße
Ayaka

親愛なる、エリカ
寛大な援助をありがとう。
私の所ではまだ学期の途中よ。現在、試験週間なの。
ワードのデータを送ります。
文法と表現を一度見てもらえるかしら？
どうぞよろしく。
アヤカ

解 説

■ プライベートのメールでは、呼びかけと結びの言葉は自由です。親しい
関係では、Hallo ... や、さらにくだけた Hi ... などの呼びかけもあります。

■ プライベートのメールは、自由度が高く、相手のメールに答える形
（Schön, dass du uns besuchst.「訪ねてくれるなんて嬉しい」）で始めた
り、楽しみにしていることを伝えて（Ich freue mich schon darauf.「今か
ら楽しみです」）などで終わることがよくあります。

ことばコラム

【 Wortschatz 】 色

色の表現は、多くの言語でしばしば異なる特徴を連想させます。„Er ist noch grün
hinter den Ohren." は、「彼はまだ経験が少ない」ことを意味しています。„Ich
mache heute blau." は、「今日は学校または仕事をさぼる」ことを意味しています。
„Wir machen eine Fahrt ins Blaue." は、「目的もないまま出発する」ことを意味して
います。
日本で青という色は青春時代を連想させ、英語で青は悲しみを連想させます。

B-3. 携帯メール(SMS) ― 待ち合わせ

> Wo bist du gerade? Seid ihr alle schon da?
> Bin gerade im Zug, mein Zug hat Verspätung. :-(
> Ihr könnt vorgehen. Ich kenn das Lokal.
> Freu mich schon.

> 今どこ？　みんなそろっている？
> 僕はまだ電車の中。電車が遅れている。(>_<)
> 先に行ってかまわないよ。居酒屋の場所わかるから。
> 楽しみだな。

解説

■ 携帯メールでは、呼びかけや挨拶を省略するのが普通です。

■ 文や単語を省略することがよくあり、特に主語が一人称 (ich や wir) の場合は、„ (ich) komme gleich" のように主語を省略することが多く、特に sein 動詞の場合は、主語と sein 動詞を省略します。„ (ich bin) noch im Zug."

■ 口語でもそうですが、„ich ruf dich an" のように、動詞の人称変化語尾が省略されます。

■ 日本語でもそうですが、顔文字もよく使われます。

■ 手短に送るため、省略語も多いです。mfg (= Mit freundlichen Grüßen)、LG (= liebe Grüße)、WE (= Wochenende)、gn8 (= gute Nacht)、cu (= see you)など、次々に新しいものが作られています。

2021年秋にドイツでは、Ampelkoalition（信号連立）と呼ばれる新しい政権が誕生しました。

信号連立という造語は、緑・黄・赤（日本では青・黄・赤）の3つの色が元になっています。ドイツでは、政治的方向性は色と結びついています。赤はSPD、左派政党、共産主義政党など、黒はCDUとCSU、黄はFDP、緑は緑の党、青はAfD、茶はナチスです。信号連立という造語は、そもそも1990年代にオーストリアの政党構図で使われたことがありました。のちにその表現が、ドイツでも使われたのです。

第2部で、自分が伝えたいことに必要な構文を練習しました。そのうちの一つ、ある事柄を「順序立てて説明する」パターンを集中的に使ってみましょう。ドイツ語で日本のことを説明する練習です。さまざまなテーマに挑戦してみましょう。

1. 地理　　　　　　　　　　　　　　　▶ 164

▶ 164

使える表現のポイント

方角を表わす表現

- im〔Norden / Süden / Osten / Westen / Nordwesten〕von ...
  …の〔北部／南部／東部／西部／北西部〕で（に）

- 〔nördlich / südlich / östlich / westlich / nordwestlich〕von ...
  …の北／南／東／西／北西に

数値を表わす表現

- X beträgt ... , X liegt bei ...
  Xは（数値）になる、…に達する

日本はアジアの東部、厳密にはアジア大陸の東縁に位置します。

Japan liegt **im Osten von** Asien, genauer gesagt[1], am **östlichen** Rand des asiatischen Kontinents.

日本は4つの島、つまり北海道、本州、四国、九州、その他多くの島々から成る島国で、弓状にのびる列島の長さは3000キロメートルに及びます。

Japan ist ein Inselstaat, der aus vier Hauptinseln besteht, nämlich aus Hokkaido, Honshu, Shikoku, Kyushu und vielen kleinen Inseln. Diese bilden eine bogenförmige[2] Inselkette, deren Länge etwa 3000 km **beträgt**.

日本の北部には北海道、そして札幌市があります。札幌市の緯度は、ミュンヘンとほぼ同じ、つまり、日本はドイツよりもやや南に位置しています。

Im Norden von Japan befindet sich[3] die Insel Hokkaido und die Stadt Sapporo. Sie liegt in etwa auf der Höhe von[4] München. Das heißt, Japan liegt etwas **südlicher** als Deutschland.

日本の総面積は37.8万平方キロメートルで、35.7万平方キロメートルのドイツより少し広いです。	Die Gesamtoberfläche von Japan **beträgt** rund 378.000 km². Es ist somit ein bisschen größer als Deutschland, das etwa eine Fläche von 357.000 km² hat.
しかし日本の国土の75％は人が住めない森や山です。国土の15％しか農業に使用できません。	Allerdings⁵⁾ sind rund 75% Japans unbewohnbare⁶⁾ Wälder und Gebirge. Nur 15% des Landes sind landwirtschaftlich nutzbar.
日本は四方を海に囲まれています。火山活動の結果、山が多く、谷が深く、たくさんの湖や急な川ができました。これらすべてが一緒になって日本の美しい景色を生んでいるのです。	Japan ist auf allen Seiten vom Meer umgeben. Aufgrund⁷⁾ der vulkanischen Aktivitäten haben sich viele Gebirge, tief eingeschnittene Täler, viele Seen und reißende Flüsse ausgeformt⁸⁾. Alle diese bilden zusammen eine schöne Landschaft.
日本の人口は約1億2000万人で、そのうち10％が首都東京に住んでいます。	Japans Bevölkerungszahl **liegt bei** ca. 120 Mio., etwa 10% davon wohnen in der Hauptstadt Tokyo.
東京の他に12の100万都市があります。外国人の占める割合は2％弱で、多くは中国、朝鮮、ベトナム、フィリピン、ブラジル等の出身です。	Außer Tokyo gibt es noch 12 weitere Millionenstädte in Japan. Der Anteil der ausländischen Einwohner **liegt bei** knapp 2%. Die meisten stammen u.a. aus⁹⁾ China, Korea, Vietnam, den Philippinen oder Brasilien.

● 語彙の解説

1) genauer gesagt：「厳密に言えば」。„… gesagt"を用いた表現としては他に、grob gesagt「おおざっぱに言えば」、offen gesagt「率直に言えば」、kurz gesagt「手短に言えば」などがあります。

2) bogenförmige：「弓状の」。-förmigで（…の形状の）という意味。他にringförmig「環状の」など。

3) sich⁴ ＋場所 befinden：「…にある、…に位置する」。

4) auf der Höhe von …：「…と同じ（緯度の）高さの」。

5) allerdings：「しかしながら」。

6) unbewohnbar：「住むことのできない」。接辞の-barは形容詞を作り、状態や可能（…できる）を表わす。次のnutzbar（利用できる）も同様。

7) aufgrund：「…の理由で」。2格支配の前置詞。

8)　sich⁴ ausformen：「形が整う」。

9)　aus ... stammen：「…の出身である、…に由来する」。

2.　都市　　　　　　　　　　　　　　　　　　　▶ 165

使える表現のポイント

● おおよその数字

〔etwa / rund / ungefähr〕12 Millionen Einwohner
約1200万人の人口

etwas über 2000 km²
約2000平方キロメートル強

gut 2000 km²
2000平方キロメートル強

knapp 2000 km²
2000平方キロメートル弱

東京は、日本の首都で、人口1300万人を有する世界最大の都市の一つです。

Tokyo, die Hauptstadt Japans, ist mit 13 Millionen Einwohnern eine der größten Städte der Welt.

400年ほど前は、東京は小さな漁村にすぎませんでした。当時は、「河口への扉」を意味する、「江戸」と呼ばれました。徳川幕府が置かれてから、都市建設が始まりました。

Vor **etwa** 400 Jahren war Tokyo ein kleines Fischerdorf. Damals hieß die Stadt „Edo", was[1] „Tor zur Mündung" bedeutet. Erst nachdem das Tokugawa-Shogunat errichtet worden war, hat der Städtebau begonnen.

明治維新後、日本は中央集権国家として発展しました。東京は、政治や経済、産業、文化など、さまざまな分野で中心となっていきました。

Nach der Meiji-Restauration[2] wurden die japanischen Verwaltungsorgane zentralisiert[3] und Japan hat sich als Zentralstaat entwickelt. Dadurch ist Tokyo das Zentrum in verschiedenen Gebieten wie Politik, Wirtschaft, Industrie, Kultur usw. geworden.

中心部には23区があり、その西側には、いくつかの市があります。さらに、東京の周辺部には、川崎、横浜、さいたま、千葉などの産業密集地域が広がっています。すべてを合わせれば、日本人の4分の1がこの地域（首都圏）に住んでいることになります。

Tokyo gliedert sich in das Stadtzentrum, das durch 23 unabhängige Bezirke verwaltet wird und westlich davon in mehrere ihm zugeordnete Städte. Darüber hinaus liegen noch weitere Ballungsgebiete um Tokyo herum, wie Kawasaki, Yokohama, Saitama und Chiba. Alles insgesamt gezählt wohnen **etwa** ein Viertel der Japaner in dieser Gegend, die „Shuto-ken (Großraum Tokyo)" heißt.

東京の家賃は高いので、多くの人は郊外に住んでいます。職場の往復に1時間以上かかることもよくあります。

Zahlreiche Angestellte wohnen außerhalb der Stadt, weil die Miete in Tokyo so hoch ist. Für die Hin- und Rückfahrt zum Arbeitsplatz braucht man oft **gut eine Stunde** oder länger.

主な地域は公共の交通網で密に結ばれています。重要な路線の一つは、都心を環状に走る山手線です。

Wichtige Stadtteile sind mit dem öffentlichen Verkehr eng verbunden. Eine der wichtigsten Bahnlinien ist wohl die Yamanote-Ring-Linie, die um das Zentrum ringförmig herumfährt.

1964年の東京オリンピックを機に、首都高速網が作られました。その後の拡張にもかかわらず、しばしば交通渋滞が起きています。

Anlässlich[4] der Tokyoter[5] Olympiade im Jahr 1964 wurde das Stadtautobahnnetz gebaut. Trotz des weiteren Straßen- und Autobahnenbaus bilden sich[6] oft Verkehrsstaus.

新宿は、（東京の）西の中心であり、もっとも賑やかな地域です。駅の西側には多くの高層ビルが立ち並び、その一つが都庁です。

Shinjuku, im West-Zentrum, ist der belebteste Stadtteil. Auf der westlichen Seite des Bahnhofs ragen zahlreiche Wolkenkratzer auf. Dazu gehört auch das Tokyoter Rathaus.

東京の見所として、皇居、東京ス
カイツリーと浅草散策、明治神
宮と代々木公園や原宿、東京湾
沿いのお台場地域などが挙げら
れます。

Als Sehenswürdigkeiten von
Tokyo kann man z. B. nennen:
den Kaiserpalast, den „Tokyo
Skytree"- Fernsehturm mit einem
anschließenden Spaziergang in der
Asakusa-Gegend, den Meiji-Schrein
mit dem Yoyogi-Park und Harajuku,
die Odaiba-Gegend an der Tokyoter
Bucht.

東京には建物と家があるだけで
はなく、たくさんの緑地もあり
ます。一般に開放された多くの
古い日本庭園もあります。近代
的な姿とともに、情緒的な下町
の雰囲気を今も残す場所が多く
存在します。

Tokyo hat nicht nur Gebäude und
Häuser, sondern auch viele grüne
Anlagen. Hier finden sich noch
viele alte japanische Gärten, die
öffentlich zugänglich[7] sind. Neben
dem modernen Stadtbild bleibt
an mehreren Stellen noch eine
stimmungsvolle Atmosphäre der
Altstadt.

東京は世界中に友好都市を持っ
ており、ベルリンもその一つで
す。

Tokyo hat mehrere Partnerstädte in
der Welt. Dazu zählt auch Berlin.

大阪は、西日本最大の都市です。
古くから商業の中心として栄え
てきました。多くの代表的企業
がこの街を拠点として発展して
きました。

Osaka ist die größte Stadt Westjapans.
Als wirtschaftliches Zentrum hat
die Stadt von alters her[8] eine große
Rolle gespielt. Viele berühmte
Großunternehmen stammen aus dieser
Stadt.

京都は、8世紀から1000年以上
もの間、つまり東京よりもずっ
と長く日本の首都として機能し
てきました。2000以上もの神社、
仏閣があり、宗教の中心として、
また伝統的文化の中心として、
国内外から多くの観光客をひき
つけています。

Seit dem 8. Jahrhundert fungierte
Kyoto mehr als tausend Jahre als
Hauptstadt, also länger als Tokyo.
Hier sind **mehr als 2000** Schreine
und Tempel. Kyoto ist sozusagen die
religiöse und kulturelle Hauptstadt
Japans, ihre Reize locken viele
Besucher aus dem In- und Ausland
an[9].

● 語彙の解説

1) was は不定関係代名詞で、先行する文の内容を受ける。

2) Meiji-Restauration：「明治維新」。Restauration は、（旧体制の）復古、（絵画や建築物などの）修復・復元を意味する。

3) zentralisiert ＜ zentralisieren：「中央集権化する」。中央集権化された結果、zentralistischer Staat / Zentralstaat「中央集権国家」となる。

4) anlässlich：「…に際して、…にあたって」。2格支配の前置詞。

5) Tokyoter：「東京の」。形容詞だが、格語尾は付かない。

6) sich⁴ bilden：「できる、生じる」。

7) zugänglich：「行くことのできる、到達可能な」。接辞の -lich は、形容詞を作り、glücklich（幸福な）などのような状態や、この場合のように可能などを表わす。begreiflich（理解できる）、unerklärlich（説明できない）、など。

8) von alters her：「古くから」。同様の意味を表わす表現として、seit früher、seit alter Zeit、など。

9) anlocken：「（客、観客などを）引き寄せる」。

3. 気候　　　▶ 166

使える表現のポイント

非人称の es の用法

［決まり文句］

- Es ist schwierig, + zu 不定詞句
  …することは…である
- Es gibt + 4格
  …がある。
- Es lohnt sich, ... zu 〜 .
  …する価値がある

［時刻や季節］

Es ist acht Uhr. / Es ist Abend. / Es ist Sommer.
8時です。／晩です。／夏です。

［天候］

Es regnet. / Es ist sonnig.
雨です。／晴れです。

［健康状態］

Wie geht es Ihnen?
お元気ですか？

日本は温帯に属するので、ドイツのように四季の移り変わりがはっきりしています。	Japan befindet sich in der gemäßigten Zone[1], so dass es wie in Deutschland vier deutlich ausgeprägte Jahreszeiten hat.
日本には四季折々の魅力があります。	Jede Jahreszeit in Japan hat ihren Reiz[2].
春（3月〜5月）は、花が咲き乱れます。最初に梅の花が咲きます。しかしながら日本人にとっては、3月末から4月初めの桜の季節が最も重要です。家族や友人、同僚たちと桜の木の下で宴会をします（花見）。	Im Frühling (von März bis Mai) ist die Zeit der Blüten. Zuerst blühen die Pflaumen. Aber für Japaner ist die Kirschblüte, die von Ende März bis Anfang April zu bewundern ist[3], am wichtigsten. Mit der Familie, den Freunden und Kollegen machen die Leute unter den Kirschbäumen eine Party, die HANAMI (Blütenschau) heißt.
日本では春から夏の移行期には、6月半ばから7月半ばの1か月、雨季（梅雨）があります。うっとうしい季節ですが、稲作にとっては重要です。	In der Übergangsphase vom Frühling zum Sommer ist in Japan von Mitte Juni bis Mitte Juli einen Monat lang Regenzeit, TSUYU. Die Zeit ist zwar unangenehm, aber sie ist sehr wichtig für den Reisanbau.
夏は蒸し暑く、気温が35度以上になることも珍しくありません。それでも休養のために海や山へ多くの人が出かけて行きます。	Im Sommer **ist es feuchtheiß (schwülheiß)** und die Temperatur steigt manchmal über 35 Grad. Die Leute gehen aber gerne ans Meer oder in die Berge zur Erholung.
夏の終わりには台風がやってきて、大雨や嵐をもたらすことがあります。	Am Ende des Sommers ist Japan oft von Taifunen[4] betroffen, die viel Regen und starken Sturm mit sich bringen.
秋（9月から11月）は良い季節で、遠足やピクニック、スポーツ等に適しています。特に紅葉は素晴らしいです。	Der Herbst (von September bis November) ist eine schöne Zeit, wobei man gerne Ausflüge, Picknick und Sport macht. Besonders schön ist die dunkelrote Laubfärbung[5].

冬（12月から2月）は、北国では
かなり雪が降ります。雪国では
ウインタースポーツが盛んで
す。しかし太平洋側ではこの時
期はたいてい地中海のような好
天が続きます。

Im Winter (von Dezember bis Februar)
schneit es in Nordjapan ziemlich viel.
In diesen Gegenden mit Schnee macht
man gern Wintersport. Hingegen **ist
es** auf der Seite der pazifischen Küste
fast immer mediterran **sonnig**[6].

● 語彙の解説

1) die gemäßigte Zone：「温帯」。他に、die Tropen (pl.)「熱帯」、der Polarkreis「寒帯」、など。
2) Reiz：「魅力」。
3) sein + zu不定詞で、可能（…されうる、…できる）を表わす。
4) Taifune(pl.)＜Taifun「台風」はそのままドイツ語となっている。
5) Laubfärbung：「紅葉」。Herbstfärbung、Färbung (Rotfärbung) der Blätter im Herbstとも言う。日本のAhorn（カエデ、もみじ）、Gink(g)o（イチョウ）はドイツ人にも有名。
6) mediterran sonnig：「地中海地方のように快晴」と言うと、ドイツ人にはわかりやすい。日本人には思いつかない発想である。「日本晴れ」と言ったところか。

4. 歴史　▶167

使える表現のポイント

受動表現

[動作受動]

Das Geschäft wird um 10 Uhr geöffnet.
お店は10時に開きます。

[状態受動]

Das Geschäft ist schon geöffnet.
お店はすでに開いています。（結果状態）

[自動詞の受動]

Der Mutter wird vom Kind geholfen.
母親は子供に手伝ってもらいます。

Es wird der Mutter vom Kind geholfen.
母親は子供に手伝ってもらいます。
＊文頭に文成分がない場合、形式的にesを置く

初期の歴史 （710年以前） Frühe Geschichte (vor 710):

日本の初期の歴史は神話と考古学上の発見物に見出すことができます。

Japans frühe Geschichte ist in seiner Mythologie[1] und seinen archäologischen Funden zu sehen.

4世紀になってようやく大和朝廷による統一がなされました。

Erst im vierten Jahrhundert **wurde** das Land durch die Yamato-Dynastie[2] **geeint**.

6世紀末に、インドから仏教が中国、韓国を経由し日本へ来ました。仏教の熱心な信仰者であった聖徳太子は、政治改革を行なって、憲法に基づく統治を成し遂げました。

Am Ende des sechsten Jahrhunderts kam der Buddhismus aus Indien, über China und Korea nach Japan. Prinzregent[3] Shotoku, ein begeisterter Anhänger[4] des Buddhismus, führte politische Reformen durch und errichtete eine verfassungsmäßige Regierung.

奈良時代 （710-794） Nara-Zeit (710-794):

710年には奈良に朝廷が置かれ、以後常置されました。その後、仏教が栄え、政治や文化に影響を与えました。

Im Jahr 710 **wurde** in Nara ein ständiger Sitz des kaiserlichen Hofs[5] **eingerichtet**. In der darauffolgenden Zeit blühte der Buddhismus auf[6] und übte seinen Einfluss auf Politik und Kultur aus[7].

平安時代 （794-1192） Heian-Zeit (794-1192):

794年に都が京都に移されました。町は、中国の長安（西安）を手本に、碁盤の目のような形に造られました。天皇を補佐していた貴族階級が、独特の文化をもたらしました。

Im Jahr 794 **wurde** die Hauptstadt nach Kyoto **verlegt**. Die Stadt **wurde** nach chinesischem Vorbild der Stadt Xi'an mit einem schachbrettartigen[8] Grundriss **angelegt**. Die Adelsklasse, die den TENNO (Kaiser) unterstützte, brachte eine einzigartige[9] Kultur hervor[10].

鎌倉時代 （1192-1333） Kamakura-Zeit (1192-1333):

その後、侍階級が権力を持つように なりました。源氏の頭領で あった源頼朝が鎌倉に幕府を開 き、日本はその後、封建制の時代 となりました。

Im Laufe der Zeit[11] gewann die Samurai-Klasse an[12] Macht. Minamoto no Yoritomo, Führer des Genji-Clans[13], errichtete in Kamakura eine Militärregierung. Japan trat damit in den Feudalismus ein.

室町時代、安土桃山時代 （1336-1600） Muromachi- und Azuchimomoyama-Zeit (1336-1600):

鎌倉幕府及びその後京都に置かれ た室町幕府の崩壊後、日本は戦国 の不安定な時代に突入しました。

Nach dem Zusammenbruch des Kamakura- und des darauffolgenden Muromachi-Shogunats in Kyoto wurde das Land kriegerisch und unruhig.

江戸時代 （1603-1868） Edo-Zeit (1603-1868):

徳川家康が戦国の世を終わらせ、 1603年に江戸（今日の東京）に幕 府を開きました。家康が大名を厳 しい統制下に置いた結果、平和な 時代が約260年続きました。三代 将軍家光が鎖国を行ない、その結 果、歌舞伎や浮世絵などの日本独 特の洗練された文化が発展しまし た。

Tokugawa Ieyasu beendete die Zeit der Kämpfe und etablierte 1603 sein Shogunat in Edo, dem heutigen Tokyo. Ieyasu stellte die Regionalfürsten (DAIMYO) unter strenge Kontrolle, so dass die friedliche Zeit etwa 260 Jahre andauerte. Der dritte Shogun Iemitsu verbot die Kontakte mit dem Ausland. In dieser Zeit blühte die einheimische, verfeinerte Kultur auf, wie z. B. das Kabuki-Theater und Holzschnitte.

明治時代 （1868-1912） Meiji-Zeit (1868-1912):

封建制度が時代に合わなくなり、 近代化の欲求が増した結果、政権 交代、すなわち明治維新が起きま した。明治天皇が京都から東京へ 移り、明治政府という、中央集権の 立憲君主国を、西洋を手本に樹立 しました。

Weil der Feudalismus aus der Mode kam[14] und der Bedarf an[15] Modernisierung größer wurde, gab es einen Machtwechsel, nämlich die Meiji-Restauration. Kaiser Meiji zog von Kyoto nach Tokyo um und errichtete die zentralisierte, konstitutionelle Monarchie der Meiji-Regierung nach westlichem Vorbild[16].

大正 (1912-1926)・昭和 (1926-1989)・平成 (1989-2019)・令和 (2019-) 時代
Taisho (1912-1926) -, Showa (1926-1989) -, Heisei (1989-2019) - und Reiwa (2019-) -Zeit:

20世紀初めより、軍部が力をつけ、日本は数々の戦争を戦わざるをえませんでした。第二次世界大戦での敗戦後、1945年以降、主権は天皇から国民に移りました。その後日本は奇跡的な復興を遂げ、有数の産業国となりました。

Mit Beginn des 20. Jahrhunderts gewann das Militär an Macht. Japan führte mehrere Kriege[17]. Nach der Niederlage im 2. Weltkrieg lag seit 1945 die Souveranität[18] nicht mehr beim Kaiser, sondern beim japanischen Volk. Danach hat Japan ein Wirtschaftswunder[19] erlebt und ist eines der wichtigsten Industrieländer geworden.

● 語彙の解説

1) Mythologie :「神話」。archäologisch ＜ Archäologie :「考古学」。

2) Dynastie :「王朝」。

3) Prinzregent :「太子」。Prinz (皇子) +Regent (摂政)

4) Anhänger :「支持者、信奉者、ファン」。

5) kaiserlicher Hof (宮廷):「朝廷」。

6) aufblühen :「開花する、栄える」。

7) Einfluss auf + 4格 ausüben :「…⁴に対して影響力を及ぼす／持っている」。

8) schachbrettartig :「チェス盤のような」。-artigは形容詞を派生する接辞で、(…のような、…の性質の)。gasartig (ガス状の)、fremdartig (風変わりな)、など。

9) einzigartig :「比類のない、ユニークな」。8) と同様、-artigの例。

10) hervorbringen + 4格 :「…⁴を生み出す、作り出す」。

11) im Laufe der Zeit :「時が経つうちに」。

12) gewinnen an + 3格 :「…³を増す」。

13) Clan :「氏族、一族」。

14) aus der Mode kommen :「流行遅れになる」。

15) Bedarf an + 3格 :「…³の必要、需要」。

16) nach dem Vorbild :「「…を手本に」。

17) einen Krieg führen :「交戦する」。

18) Souveranität :「(国家の) 主権」。

19) Wirtschaftswunder :「(第二次世界大戦後のドイツの) 奇跡的経済復興」を言うが、日本も同様の経済復興を遂げた。

使える表現のポイント

相関接続詞

- sowohl **A**〔als / wie〕(auch) **B**
  AもBも
- nicht nur **A**, sondern (auch) **B**
  AだけでなくBも
- weder A noch B
  AでもBでもない

対比の表現

- der / die / das erstere ist … , der / die / das letztere ist …
  前者は…、後者は…

多くの日本人は、神道と仏教の両方を信仰しています。	Die meisten Japaner bekennen sich gleichzeitig zu[1] zwei Religionen, nämlich **sowohl** zum Shintoismus **als auch** zum Buddhismus.
前者は日本土着の宗教です。後者はインドから朝鮮、中国を経て、6世紀に日本へやって来ました。仏教は世界三大宗教の一つです。	**Das erstere** ist eine einheimische Religion. **Das letztere** kam im 6. Jh. aus Indien über Korea und China nach Japan. Der Buddhismus zählt zu[2] einer der drei Weltreligionen.
神道は、創始者がいないこと、経典がないこと、はっきりとした輪郭を持った教義がないことで、他の宗教と異なります。	Der Shintoismus unterscheidet sich von[3] anderen Religionen dadurch, dass er **weder** einen Gründer **noch** eine heilige Schrift **noch** eine festumrissene Glaubenslehre besitzt.
古代より日本人は、すべての物、例えば自然現象や人間の心の中などに神格性を見出し、神として敬ってきました。神道では八百万の神が存在すると言います。	Schon von der frühesten Geschichte her[4] fanden Japaner in allen Dingen Göttlichkeit, z. B. in Naturerscheinungen, in Menschenseelen und sie respektierten sie als Götter: Man sagt sogar, dass acht Millionen Götter im Shintoismus existieren.

仏教が日本へ来た時、日本人は仏陀を神の一つとして受け入れました。それで、仏教と神道は共存することができました。	Als der Buddhismus nach Japan kam, akzeptierten Japaner Buddha als einen der acht Millionen Götter, so dass der Buddhismus und der Shintoismus koexistieren konnten.
お祝い事、例えばお宮参りや結婚式などでは基本的に神道式で、お悔やみの式は仏教式で執り行ないます。	Bei den frohen Ereignissen wie Taufe[5] und Hochzeit feiert man in der Regel shintoistisch, bei den traurigen Ereignissen dagegen buddhistisch.
神道のお参り場所が神社で、仏教のお参り場所がお寺です。	Shintoistische Stätten (Orte) zum Beten heißen JINJA „Schrein", buddhistische bezeichnet man als[6] TERA „Tempel".
神社とお寺は、建築様式が異なります。お寺は門と塔と本堂があります。神社には鳥居という梁を渡した門が一つ以上あります。	Schreine und Tempel kann man durch den Baustil unterscheiden: ein Tempel hat Tempeltore, eine Pagode und eine Haupthalle. Ein Schrein hat mindestens ein Balkentor (TORII).
鳥居は、現世と神聖な世界を分けています。鳥居をくぐると、清められた気持ちになると言われています。	Das TORII dient dazu[7], die irdische Welt von der heiligen Welt zu trennen. Man sagt, nach dem Durchschreiten des TORIIs fühlt man sich, als ob man gereinigt worden wäre[8].
鳥居には扉がありません。それは、神道がすべての人に開かれている宗教であることの象徴です。	Das TORII hat keine Tür, was[9] symbolisiert, dass der Shintoismus eine offene Religion ist.

● 語彙の解説

1) sich[4] zu + 3格 bekennen：「…[3]を支持することを表明する」。

2) zu + 3格 zählen：「(…[3]に) 数えられる、(…[3]の)一つとみなされる」。

3) sich[4] von + 3格 unterscheiden：「(…[3]) と異なる、区別される」。

4) von + 3格 her：「…から」。(例) Es zieht vom Fenster her. (窓からすきま風が入る)

5) Taufe：「(キリスト教の)洗礼」であるが、日本の「お宮参り」の訳として用いても良いであろう。

6) 4格 + (als + 4格名詞、形容詞) + bezeichnen：「…[4]を〜[4]と呼ぶ」。=nennen

7）zu ＋ 3格　dienen：「…³の役に立つ」。

8）als (ob / wenn) ＋接続法 II 式。「まるで…かのように」。非現実を表わす。

9）was は関係代名詞で、前文の内容を受けている。

┌───────┐
│　補　足　│
└───────┘

日本語からの借用で、ドイツ語になった語彙は少なくありません。名詞には必ず、男性（der）女性（die）中性（das）という性が必要です。der / das Joghurt, die / das Cola, die / das E-Mail のように性が二つある名詞もあります。どちらの性も文法的には正しく、地域的な違いであることが多いです。

このテキストでは、例えば „TORII" という借用語が出ています。「鳥居」は門（Tor）で、ドイツ語の Tor は中性ですから、鳥居も das TORII になります。„MIKAN" は柑橘類ですから、die Orange, die Zitrone からの類推で、die MIKAN です。第一の原則は、このような類推によるものです。

„KIMONO" は、ドゥーデンの辞典によれば、der Kimono です。das Kleid, die Kleidung, などからの類推がありそうですが、ここでは類推の原則は働いていません。第二の原則、つまり音や形を理由とするものです。KIMONO は語末が –o で、男性名詞の響きがするから、という理由です。

第三の原則は、元の言語に性がある場合、その性をそのまま保つということですが、日本語には性がないのでこれは不可能です。

6. 政治　　▶ 169

　使える表現のポイント

● aus ＋ 3格　bestehen
…³から成る、構成されている

Das Haus besteht aus drei Räumen.
その家は3部屋から成っています。

● auf ＋ 4格　angewiesen sein
…⁴を頼りにしている

Die japanische Industrie ist stark auf Export angewiesen.
日本の産業は輸出に頼るところが大きいです。

● als ＋ 1格　fungieren
…¹として機能する、働く

Er fungiert als Vorsitzender.
彼は議長を務めています。

日本は立憲君主国です。現行の憲法は1946年11月3日に公布され、翌年の5月3日に施行されました。憲法によれば、主権は国民にあります。	Japan ist eine konstitutionelle Monarchie[1]. Die geltende japanische Verfassung wurde am 3. November 1946 verkündet[2] und trat am 3. Mai 1947 in Kraft[3]. Nach der Verfassung liegt die Souveränität beim japanischen Volk.
国会は国権の最高機関であり、日本の唯一の立法機関です。国会は参議院と衆議院から成っています。議決に関して、衆議院が優先されます。	Das japanische Parlament ist das höchste Organ der Staatsgewalt[4] und die einzige gesetzgebende Körperschaft Japans. Es **besteht aus** dem Oberhaus (SANGIIN) und dem Unterhaus (SHUGIIN): In entscheidenden Punkten besitzt das Unterhaus allerdings mehr Macht.
18歳以上の国民にはすべて選挙権があります。	Alle Japaner, die das 18. Lebensjahr vollendet haben, sind wahlberechtigt.
内閣は国会に対して責任を負っています。内閣の長である総理大臣は、大臣を任命します。総理大臣は国会議員でなければならず、普通は最大政党の党首が総理になります。	Das Kabinett ist dem Parlament gegenüber verantwortlich. Der Chef, der Premierminister, ernennt die Minister seines Kabinetts. Der Premierminister muss Abgeordneter[5] sein, traditionell ist es der Vorsitzende der stärksten Partei[6].
司法の頂点に立つのが最高裁判所で、「憲法の番人」とも称されています。最終的な判決を下します。	An der Spitze der Justiz steht der Oberste Gerichtshof, dessen Spitzname[7] „Wächter der Verfassung" ist. Er fällt endgültige Urteile[8].
日本の司法制度は単純で、ドイツのように、別に行政裁判所や労働裁判所のようなシステムはありません。	In Japan besteht ein einfaches System von Gerichten. Es[9] existieren keine separaten Verwaltungs- oder Arbeitsgerichte wie in Deutschland.

日本は中央集権国家ですが、業務の多くは47の都道府県に委託しています。都道府県の予算の多くは国家予算からの援助に頼っています。

Japan ist zwar ein zentralistischer Staat, viele Aufgaben werden aber an die 47 Präfekturen abgegeben. Sie sind allerdings stark **auf** die finanzielle Unterstützung des Staates **angewiesen**.

天皇（日本では皇帝をこう呼ぶ）は、国家の象徴、国民の統一の象徴です。天皇は神道の最高神官でもあります。天皇家の歴史は6世紀までさかのぼることができ、世界で最も長く君臨する家系の一つと言えます。歴史上、天皇の役割は様々で、政治の中央に存在した時代もあれば、貴族や侍階級が力を持っていた時代もありました。

Der Kaiser, in Japan TENNO genannt, **fungiert als** Symbol des Staates und der Einheit des japanischen Volkes. Er ist auch oberster Priester des SHINTO. Die Geschichte der Kaiserfamilie lässt sich bis ins 6. Jahrhundert zurückverfolgen. Sie zählt zu einer der am längsten regierenden in der Welt. In der Geschichte spielte der Kaiser aber verschiedene Rollen. Es gab Zeiten, wo[10] der Kaiser im Mittelpunkt der Politik stand, aber auch Zeiten, wo die Adels- oder Samurai-Klassen mehr Macht hatten.

天皇家の家紋は、16枚の花弁をもつ菊の花です。

Das Symbol der Kaiserfamilie ist die 16-blättrige Chrysantheme.

天皇の在位期間はまた、年号として使われています。

Die Regierungsära eines TENNO wird auch als Jahresangabe verwendet.

● 語彙の解説

1) konstitutionelle Monarchie：「憲法に基づく君主国、立憲君主国」。ドイツは Bundesrepublik「連邦共和国」である。

2) verkünden：「…⁴を公に発表する、（法律など⁴）を公布する」。

3) in Kraft treten：「効力を発する」。

4) Staatsgewalt：「国家権力、国権」。国権は三権（drei Gewalten）分立により、legislative-（立法権）、exekutive-（行政権）、judikative Gewalt（司法権）に分けられる。

5) Abgeordneter / -te：[形容詞変化]国会議員。市町村議会議員は、Gemeinderat / Gemeinderätin。

6) Partei：「政党」。Regierungspartei「与党」、Oppositionspartei「野党」。

7) Spitzname：「ニックネーム、あだ名」。

8) ein Urteil fällen：「判決を下す」。

9) esは、非人称代名詞で、後に実質的な主語名詞が続くことを予告している。このesは必ず文頭に置かれて、定動詞は実質的な主語の単数・複数に対応。

10) 関係代名詞woは、場所を表わす語句、時を表わす語句のどちらも先行詞とすることができる。

7. 経済　　　　　　　　　　　　　　　　　▶ 170

使える表現のポイント

順位を表わす表現

● auf Platz 1 liegen
1位である

Im wissenschaftlichen Gebiet liegt diese Uni auf Platz 1.
科学の分野ではこの大学が1位です。

● die（序数 -e）Stelle einnehmen
…位である

Japan nimmt nach den USA die zweite Stelle ein.
日本はアメリカに次いで、第2位です。

日本のGDPは、アメリカ、中国に次ぐ世界第3位です。輸出国としては、中国、ドイツ、アメリカに次いで第4位です。

Das Bruttoinlandsprodukt[1] Japans steht nach den USA und China an dritter Stelle. **Japan liegt auf Platz 4 der exportstärksten Länder hinter China, Deutschland und den USA.**

日本の経済効率は非常に高いです。特に強い分野は、国際貿易、プラント建設、高度な技術です。

Die japanische Wirtschaft ist hocheffizient, ihre Stärken[2] liegen besonders im internationalen Handel, im Anlagenbau und in der Hochtechnologie.

戦後の日本は高度経済成長を遂げ、社会は豊かになりました。

Nach dem Krieg hat Japan ein großes Wirtschaftswachstum erlebt, und die Gesellschaft ist wohlhabend[3] geworden.

その後、経済危機を経て、バブル経済を経験しました。バブル崩壊後は、低成長時代に入りました。	Danach hat Japan eine Wirtschaftskrise und die sogenannte „Bubble-Wirtschaft[4]" erlebt. Nach dem Zusammenbruch des überhitzten Wirtschaftswachstums ist Japan in eine Phase der Rezession, d.h. in ein rückläufiges Wirtschaftswachstum geraten.
政府はさまざまな景気対策を行なっています。	Die Regierung trifft verschiedene Maßnahmen[5] zur Verbesserung der Wirtschaft.
最近は不況です。	Zur Zeit herrscht Konjunkturflaute[6].
政府は大型予算を組みました。	Das Kabinett hat einen umfassenden Haushaltsplan[7] aufgestellt.
物価は安定してきています。	Die Preise sind stabil.
日本は関税の引き下げや撤廃を求められています。	Für japanische Produkte werden Zollsenkungen[8] und das Aufheben der Zollschranken gefordert.
現在1ユーロ135円です。	Der Eurokurs liegt derzeit bei 135 Yen[9].

● 語彙の解説

1) Bruttoinlandsprodukt：「国内総生産（GDP）」。Bruttosozialprodukt（オーストリアではBruttonationalproduktという）は、「国民総生産（GNP）」。経済の指標としては、現在では前者の方がよく用いられる。GNPから海外での純所得を差し引いたものがGDP。

2) Stärke(n)：「強み」。形容詞の名詞化。

3) wohlhabend：「裕福な」。

4) Bubble-Wirtschaft：「バブル経済」。ドイツ語に直訳して、Seifenblasenwirtschaftとも言える。「バブルがはじけた」と言うのは、Die Seifenblasenwirtschaft ist geplatzt / zusammengebrochen.

5) eine Maßnahme treffen：「処置を取る」。

6) (Konjunktur)flaute：「不況」。Flauteは、凪とか沈滞という意味。それに対して「好況」は、Hochkonjunktur.

7) Haushalt：「（国・自治体の）財政、予算」。

8) Zoll：「関税」。

9) Wechselkurs：「為替相場」。In den letzten Jahren schwankt der Wechselkurs zwischen 110 Yen und 140 Yen. 近年1ユーロ110〜140円で推移しています。

8. 産業 ▶ 171

▶ 171

使える表現のポイント

優位を表わす表現

● in / bei +3格　führend sein
　…³において支配的である、指導的地位にある

Die Firma ist bei Computern führend.
その会社はコンピューター業界では指導的地位にあります。

● einen hohen Stellenwert haben
　価値が高い、重要性を持つ

In den Industrieländern hat die Arbeitsproduktivität einen hohen Stellenwert.
工業国では労働生産性が重要です。

2020年の日本の全就業者のうち、農業や漁業など、第一次産業従事者は2.3パーセント、第二次産業、すなわち鉱工業従事者は24パーセント、第三次産業従事者は73パーセントです。

Die japanischen Erwerbstätigen[1] wurden im Jahr 2020 wie folgt[2] nach Sektoren aufgeteilt: Landwirtschaft 2,3%, Industrie 24% und Dienstleistung 73%.

製造業において日本の得意な分野は、自動車、機械、電気製品です。

Im Bereich der Industrie ist Japan in der Auto-, Maschinen- und Elektroproduktion **führend.**

日本にはいくつかの世界的企業があります。例えば、トヨタや日産、ホンダなどの自動車産業、ソニーやパナソニックなどの電機産業です。

Japan ist stolz auf[3] mehrere weltbekannte Großunternehmen[4]. Zum Beispiel Toyota, Nissan und Honda für die Autoindustrie, Sony und Panasonic für elektronische Geräte.

日本の食品自給率は約40パーセントです。農作物のうち、自給できているのは、米などわずかに過ぎません。国土の約15パーセントしか耕作に適しておらず、とりわけ内陸部は険しい山岳地帯になっています。

Japan versorgt sich zu etwa 40% selbst mit[5] Nahrungsmitteln. Außer Reis und noch einigen Agrarprodukten ist Japan völlig vom Import abhängig[6]. Nur rund 15% der Landfläche Japans ist kultivierbar, das Inland besteht vor allem aus zerklüfteten[7] Bergmassiven.

日本でよく作られる農作物は、米や野菜、果物です。小麦や大豆の大部分は主にアメリカから輸入されています。

Gezüchtet werden in Japan oft Reis, Gemüse und Obst. Große Mengen Weizen und Soja werden vor allem aus den USA eingeführt.

日本は海に囲まれているため、古くから水産業が重視されています。日本は今日まで、五大水産国の一つです。東京にある水産物市場は、世界一の売り上げを誇ります。

Japan ist von allen Seiten vom Meer umgeben, deshalb **hat die Fischerei traditionell einen hohen Stellenwert.** Japan gehört bis heute zu den fünf größten Fischfangnationen. Der Umsatz des Fischmarktes in Tokyo ist der größte der Welt.

日本は地下資源に乏しく、原材料を輸入に頼っています。

Japan ist arm an[8] Bodenschätzen. Japan ist auf Rohstoffimporte angewiesen.

● 語彙の解説

1) Erwerbstätiger / -ge〔形容詞変化〕:「就業者」。

2) wie folgt:「次のように、後述のように」。= folgendermaßen

3) auf + 4格 stolz sein:「…⁴を誇りに思っている」。

4) Großunternehmen:「大企業」。「中小企業」は、kleine und mittlere Unternehmen。

5) 4格 + mit + 3格 versorgen:「…⁴に必要な物³を与える」。

6) von + 3格 abhängig sein:「…³に依存している」。

7) zerklüftet:「割れ目の多い」。

8) an + 3格 arm sein:「…³に乏しい」。

使える表現のポイント

論点を明確にする表現

- in Bezug auf + 4格
  …⁴に関して

- was + 4格 angeht / betrifft / anbelangt
  …⁴に関しては、…⁴関して言えば

  Was dieses Problem angeht, haben wir die Lösung gefunden.
  この問題に関しては、答えをすでに見つけました。

日本の失業率は2.8パーセント程度で、欧米よりも低い。	Niedriger als in Amerika und Europa liegt die Arbeitslosenquote[1] in Japan bei etwa 2,8 Prozent.
日本は労働生産性が高い。	Japan verfügt über ein hohes menschliches Arbeitspotential.
非正規労働者の増加がますます大きな社会問題になっている。	Die zunehmende[2] Zahl von nicht-festangestellten Teilzeitkräften wird heute zunehmend[2] zu einem gesellschaftlichen Problem.
労働時間は基本的に週40時間ですが、残業をよくします。	In der Regel[3] haben Japaner die 40-Stunden-Woche, sie machen aber oft Überstunden.
有給休暇は年に20日ですが、使い果たすことはほとんどありません。	Japaner können pro Jahr an die 20 Tage bezahlten Urlaub nehmen, aber sie schöpfen kaum den Urlaubsanspruch[4] voll aus[5].
昇進に関して言えば、日本はかねてより年功序列制度がとられていますが、現在は徐々に実力主義が重要視されています。	In Bezug auf Karriere gilt in Japan seit langem das Senioritätssystem[6]. Aber heute setzt man mehr und mehr auf[7] das Leistungsprinzip.

雇用形態も変化しました。以前は一つの企業で定年まで働き続けることが普通でしたが、現在は転職をする人が少なくありません。	Die Form der Anstellung hat sich auch geändert. Früher war lebenslange Beschäftigung[8] üblich, heute aber wechseln nicht wenige die Stelle oder den Beruf.
日本人は仕事中毒と非難されたこともありました。「過労死」という言葉もあります。	Japaner wurden oft als arbeitssüchtig[9] kritisiert. Es gibt den Ausdruck KARO-SHI, das „Tod durch Überarbeitung" bedeutet.
日本人は仕事に生きがいを感じ、仕事に最も価値を置く人が多いです。	Japaner finden oft bei der Arbeit den Sinn des Lebens. **Viele legen großen Wert auf das Berufsleben.**

● 語彙の解説

1) Arbeitslosenquote：「失業率」。Quoteは、「割合、率」で、Rate「割合、率」と同義。通常、Prozentsatz「百分率」で表わされる。

2) zunehmend：動詞zunehmen（増す）の現在分詞で、ここでは形容詞として「増大する」の意味で、また、副詞として「ますます」の意味で使われている。

3) in der（またはaller）Regel：「普通は、通例は」= gewöhnlich。

4) -anspruch：「…の権利、請求権」。

5) ausschöpfen：「（可能性などを 4) 使い果たす」。

6) Senioritätssystem / Anciennitätssystem：「年功序列制度」。

7) auf+4格 setzen：「…4 を全面的に信頼する」。

8) lebenslange Beschäftigung：「終身雇用制」。

9) arbeitssüchtig：「仕事中毒」。-süchtigは、名詞に付けて形容詞を作る接辞で、（…中毒の、依存症の）。alkoholsüchtig（アルコール中毒の）、streitsüchtig（けんか好きな）など。

━━ ことばコラム ━━

【 Sprachgebrauch 】 Mehrwortverbindungen(複合的言語表現)

„Mehrwortverbindung"とは、複数の語がいっしょに使われる表現のことです。

名詞と動詞：die Hände waschen, die Hand geben, Zeit haben, ...

形容詞と名詞：der blaue Himmel. Der Himmel ist blau.

・よくある結び付き：ことばの使用や文化によって生まれ、しばしば時間とともに変化していきます。

・決まった結び付き（文法的）：コロケーション、慣用表現、機能動詞構造

ganzの使い方

ganzは、「完全に」「まったく」という意味で、副詞としても形容詞としても使われますが、いくつかの留意点があります。

副詞として使われる場合、基本的には「非常に」と意味を強めます。

Das Gebaude ist ganz groß.
その建物は非常に大きいです。

ふつう良い意味を表わす形容詞や副詞とともに用いられる時には、形容詞や副詞の程度を下げます。

Das Essen war ganz gut.
食事はまあまあでした。

形容詞として付加語的に、「全体の」「全部の」という意味に使われる場合、中性の地名の前ではふつう格語尾が付かず、無冠詞で用いられます。

in der ganzen Stadt（町全体で）、in ganz Japan（日本中で）

［よく使われる表現］

im Ganzen
全部で

im Großen und Ganzen
だいたいにおいて、概して

日本の鉄道は時間に正確で、信頼性が高いことで有名です。

Die japanische Eisenbahn ist für[1] Pünktlichkeit und Zuverlässigkeit bekannt.

新幹線は、ICEのような、特別急行で、東京を基点として北は北海道から南は九州まで、日本中を結んでいます。平均時速250キロメートルほどで走行しています。

Ähnlich wie der ICE wird der japanische Superexpress SHINKANSEN in **ganz** Japan eingesetzt[2]. Von Tokyo aus kann man Hokkaido im Norden oder Kyushu im Süden mit einer durchschnittlichen Geschwindigkeit von 250 km pro Stunde erreichen.

新幹線は10分間隔くらいで出発しています。非常に正確で、遅れはほとんどありません。	Fast alle zehn Minuten[3] fährt ein SHINKANSEN in verschiedene Richtungen ab. Er fährt sehr pünktlich und hat fast keine Verspätung.
日本では航空網も非常に便利です。東京、関西、中部に国際空港があります。	Die Flugverbindung in Japan ist auch sehr praktisch. In Tokyo, Kansai (West-Japan) und Chubu (Mitte-Japan) gibt es internationale Flughäfen.
都市部は鉄道、地下鉄、バスなどの公共交通機関が整っていて、ほとんどの通勤客はそれで通勤しています。車での通勤は、駐車場不足と渋滞のため、あまり好まれません。	In den Städten ist das öffentliche Verkehrsnetz wie Züge, U-Bahnen, Busse usw. sehr gut ausgebaut[4]. Die meisten Pendler[5] benutzen diese Verkehrsmittel. Wegen des Parkplatzmangels und des Verkehrsstaus fahren sie ungern mit dem Auto zur Arbeit.
日本全体の車の台数は8000万台弱で、アメリカ、中国に次ぎ世界第3位、ドイツは世界第5位です。	In **ganz** Japan fahren insgesamt knapp 80 Millionen Autos. Japan nimmt also nach den USA und China die dritte Stelle ein. Danach kommt Deutschland als fünfthäufigster[6] Autobesitzer.

● 語彙の解説

1) für / durch + 4格　bekannt sein：「…⁴で有名な」。
2) einsetzen：「…⁴を投入する」。
3) alle zehn Minuten：「10分ごとに」＝ jede zehnte Minute。
4) ausbauen：「…⁴を拡張する、強化する」。
5) Pendler：「(毎日、Pendel〔振り子〕のように往復する) 通勤・通学者」。
6) fünfthäufigst：「5番目に頻繁な、よくある」の意味。〔序数＋最上級〕の用法。

使える表現のポイント

適性を表わす表現

● für + 4格　geeignet sein
…⁴に適している

Er ist für diese Arbeit geeignet.
彼はこの仕事に適している。

● sich⁴ als+1格 / für + 4格　eignen
…¹としてふさわしい

Das Buch eignet sich〔als Geschenk / für ein Geschenk〕.
この本はプレゼントとしてふさわしい。

日本は山がちで、住宅用の用地が少ないです。したがって、土地の値段がとても高いです。

Japan ist gebirgig und hat wenig Wohnfläche. Daher sind die Grundstückspreise sehr hoch.

日本の家屋は基本的に木材でできています。これは日本の気候、とりわけ高温多湿な夏に適しています。木材は弾力性があって、地震などにも強いです。

Die meisten Einfamilienhäuser¹⁾ sind aus Holz gebaut. Holz **eignet sich für** dieses Klima, vor allem wegen der heißen schwülen²⁾ Sommer. Holz ist elastisch und gegen Erdbeben sicherer.

日本の家屋では基本的に靴をぬぎます。西洋のように、室内ばきも履きません。

Beim Betreten japanischer Häuser zieht man die Schuhe aus. Auch Hausschuhe braucht man nicht.

和室には畳が敷き詰められています。和室を仕切っているのは、紙でできた襖です。

Japanische Zimmer sind mit „TATAMI" (aus speziellem Gras gemachte Bodenmatten) ausgelegt³⁾ und werden mit „FUSUMA" (aus Papier gemachten Schiebetüren) getrennt.

日本の部屋の大きさは、畳の数で単位を表示されます。

Zimmergrößen in Japan werden in TATAMI-Einheiten angegeben (= ca. 1,65 qm).

畳の部屋は、さまざまな用途に
用いられます。例えば日中は居
間に、夜になって布団を敷けば
寝室になります。

TATAMI-Zimmer werden vielfältig
benutzt. Z.B. dienen sie tagsüber
als Wohnzimmer, nachts als
Schlafzimmer, wenn man den
FUTON auslegt.

暖房はセントラルヒーティング
ではなく、部屋ごとに小さな暖
房やこたつを置きます。「こた
つ」というのは、低いテーブルの
下に小さな暖房器具を付けたも
のです。天板と台の間に掛布団
を置きます。夏のエアコンは重
要で、ほとんどの家屋、建物に備
え付けられています。

Japanische Häuser und Wohnungen
haben keine Zentralheizung.
Normalerweise stellt man in jedem
Zimmer kleine Heizungen oder
KOTATSU auf. Ein KOTATSU ist
ein niedriger Tisch mit einer kleinen
Heizvorrichtung[4] darunter. Zwischen
der Tischplatte und dem Gestell wird
eine Decke gelegt. Klimaanlagen sind
im Sommer sehr wichtig. Sie sind in
den meisten Häusern und Gebäuden
eingebaut.

風呂場には大きな浴槽があっ
て、その中にお湯をはって浸か
り、疲れをとります。体を洗っ
てから入るので、風呂のお湯は
きれいに保たれ、何回でも入れ
ます。

Im Badezimmer ist eine große
Badewanne. Sie wird mit heißem
Wasser gefüllt und man sitzt darin
und entspannt sich. Man wäscht sich,
bevor man in die Badewanne steigt,
so dass das Wasser sauber bleibt und
mehrmals benutzt werden kann.

木製の家は、数百年も住める
ヨーロッパのレンガやコンク
リート造りの家のように、長く
住むことはできません。

Holzhäuser können nicht so lange
bewohnt werden wie europäische
Ziegel- oder Betonhäuser, in denen
man einige hundert Jahre[5] wohnen
kann.

日本の建築に関する法律では、
ヨーロッパのように、周りの景
観との調和にあまり厳しくあり
ません。その結果、住宅地は景
観美の統一性に欠けます。

In Bezug auf eine
einheitliche Gestaltung der
nebeneinanderstehenden Häuser ist
das japanische Baugesetz nicht so
streng wie in Europa. Daher fehlt
in Siedlungen oft eine harmonische
Schönheit.

日本人の持家率は60パーセントです。	Durchschnittlich besitzen 60% der Japaner eigene Häuser oder Wohnungen[6].
東京のファミリータイプのマンションの平均的広さは70平方メートルです。	Die durchschnittliche Wohnfläche für eine Familienwohnung in Tokyo beträgt etwa 70 m².

● 語彙の解説

1) Einfamilienhaus：「一世帯用、戸建住宅」。それに対して、Mehrfamilienhaus：「多世帯用、集合住宅」。

2) schwül：「蒸し暑い」= feuchtheiß。日本の夏の特徴で、ドイツ人には耐えがたい。

3) 4格 + mit + 3格 auslegen：「…⁴に～³を敷く」。

4) Vorrichtung：「設備、装置、器具」。

5) einige hundert Jahre：「数百年」。

6) Wohnungは、日本のアパートやマンションのような住居だが、詳しく分ければ、Eigentumswohnung（分譲住宅）と Mietwohnung（賃貸住宅）がある。

12. 学校制度　　▶ 175

使える表現のポイント

lassen の使い方

lassenは、zuのない不定詞と共に用いて、「…させる」「…させておく」という使役の意味を表わします。

Sie lässt mich immer lang warten.
彼女はいつも私を長く待たせます。

sich⁴ + 他動詞 + lassenのように、他動詞を伴う再帰動詞として用いると、「…されうる」「…できる」のような可能の意味となります。

Das Auto lässt sich reparieren.
その車は修理できます。

Das Wort ließ sich schwer übersetzen.
その語は訳しにくかったです。

日本では、7歳になる年に就学します。その前の2～3年間、幼稚園か保育園に入ることが普通です。

Mit 7 werden die japanischen Kinder eingeschult. Davor besuchen die meisten Kinder zwei oder drei Jahre Kindergärten oder Kindertagesstätten.

日本の現行の学校制度は、戦後アメリカの制度をモデルに、6・3・3をとってきました。小学校6年間、中学校3年間、合計9年間が義務教育です。その後ほとんどが高校で3年間学びます。

Das jetzige japanische Schulsystem wurde nach dem zweiten Weltkrieg nach dem amerikanischen Muster, also dem 6-3-3 System, geordnet. Sechs Jahre Grundschulzeit und drei Jahre Mittelschulzeit, also insgesamt 9 Jahre sind Schulpflicht. Danach besuchen die meisten Schüler eine dreijährige Oberschule.

学校のほとんどは全日制で、小学校ではたいてい給食がでます。中学、高校には基本的に制服があります。中学、高校では放課後、クラブ活動が盛んに行なわれています。

Die Schulen sind überwiegend[1] ganztägig[2]. Grundschüler bekommen Mittagessen in der Schule. Mittel- und Oberschüler tragen in der Regel Schuluniformen. Nach der Schule beschäftigen sich die Schüler intensiv mit[3] den Klubaktivitäten.

公立の小中学校での義務教育は無償です。高校では私立も多くあります。

Die öffentlichen Grund- und Mittelschulen sind während der Pflichtschulzeit gebührenfrei[4]. Es gibt aber nicht wenige private Oberschulen.

高校には普通科と、職業、芸術等の専門科があります。大学の受験は、どの課程を卒業していても可能で、現在の大学進学率は50パーセントを超えています。

Japanische Oberschulen **lassen sich** in allgemeinbildende, berufliche und Kunst-Oberschulen **einteilen**. Unabhängig von[5] den Schultypen ist es aber möglich, nach dem Oberschulabschluss die Aufnahmeprüfung für die Universität zu machen. Mehr als 50% der Oberschulabsolventen studieren jetzt.

大学入試は難しいため、学校以外に塾へ通う生徒も多くいます。日本の社会ではいまだに学歴が尊重される面があるからです。	Weil die Uni-Aufnahmeprüfung schwer ist, gehen viele Schüler noch zusätzlich in eine sogenannte JUKU (Nachhilfeschule). In der japanischen Gesellschaft spielt höhere Schulbildung immer noch eine wichtige Rolle.
大学は通常4年間で、その後に修士・博士課程で学ぶこともできます。就職は大学での専門分野と直結しない場合もあります。就職活動が早く始められ、大学での勉強に影響を与えていると批判もでています。	Im Normalfall[6] endet ein Studium in Japan nach vier Jahren. Einige besuchen danach einen Magister- oder Doktorkurs. Bei der darauffolgenden Stellensuche entspricht das Studienfach nicht immer dem Arbeitsbereich. Oft wird kritisiert, dass das Studium wegen der immer früher beginnenden Arbeitssuche vernachlässigt wird.
諸外国と異なり、日本の学校は4月に始まります。留学を希望する学生の事情などを考慮し、秋に学期を始める案が検討されています。	Anders als in vielen Ländern beginnt das neue Schuljahr in Japan Anfang April. Es wird aber diskutiert, ob es besser wäre, zugunsten[7] der Studenten, die im Ausland studieren möchten, das neue Schuljahr im Herbst **beginnen zu lassen**.

◉ 語彙の解説

1) überwiegend：「主に」。似たような意味を持つ副詞として、hauptsächlich、größtenteils、vorwiegend など。

2) ganztägig：「全日の」に対して、halbtägig「半日の」。

3) sich⁴ mit + 3格 beschäftigen：「(…³に) 従事する、取り組む」。

4) gebührenfrei：「無料の」、反意語は gebührenpflichtig「有料の」。-frei は形容詞を作る接辞で、「…のない」「…を必要としない」の意味。akzentfrei (訛りのない)、steuerfrei (免税の)。

5) von + 3格 unabhängig：「…³とは無関係に」。

6) im Normalfall：「ふつう、通常」=normalerweise。

7) zugunsten：「…²の利益になるように、…²のために」。2格支配の前置詞。zugunsten von + 3格の形で用いられることもある。

使える表現のポイント

● über + 4格　verfügen
…⁴を（意のままにできるものとして）持っている

Er verfügt über viel Erfahrung.
彼は経験が豊かです。

● 3格 + zur Verfügung stehen
…³にとって自由に使えるようになっている

Das Zimmer steht Ihnen jederzeit zur Verfügung.
その部屋はいつでも自由にお使いください。

日本の国語は日本語で、公用語としても用いられています。日本は単一言語社会です。日本の他に日本語を公用語とする国はありません。

In Japan ist Japanisch Landessprache[1] und sie wird auch als Amtssprache[2] verwendet. Japaner gehören zu einer homogenen[3] Sprachgemeinschaft. Außer in Japan wird in keinem anderen Land Japanisch als offizielle Sprache verwendet.

日本語の文字には３種類あります。まず、中国から「漢字」という表意文字を取り入れました。さらに二つの表音文字、つまり漢字を簡略化した「平仮名」と「片仮名」があります。それぞれ50文字あります。その他、アルファベットである「ローマ字」もときどき用いられます。

Die japanische Sprache verfügt über drei Arten von Schriftzeichen. Erstens gibt es eine Bedeutungsschrift, sogenannte KANJI, von China übernommen. Dazu kommen noch zwei Silben-Alphabete, und zwar HIRA-GANA und KATA-KANA, die von KANJI abgeleitet und vereinfacht worden sind. Sie haben jeweils 50 Silben-Zeichen. Außerdem wird auch die lateinische Schrift RÔMA-JI manchmal verwendet.

日本人は学校で最低2000字の漢字を習います。それで新聞は読めます。大卒者なら、もっとたくさん読み書きできます。

In der Schule lernen Japaner mindestens 2000 KANJI. Damit kann man schon Zeitung lesen. Hochschulabsolventen können aber noch mehr Zeichen lesen und schreiben.

日本語の発音と文法はそれほど難しくないと言われています。難しいのは語彙の選択と、敬語の使い方でしょう。	Man sagt, die Aussprache und die Grammatik der japanischen Sprache sind nicht so schwer. Schwierig sind die Auswahl des Wortschatzes und die Höflichkeitsformen.
日本語は縦書き、横書きのどちらもあります。	Japanisch schreibt man sowohl von oben nach unten[4] als auch von links nach rechts[5].
世界中で300万人以上の人が日本語を学んでいます。	Auf der ganzen Welt gibt es mehr als drei Millionen Japanischlernende.

● 語彙の解説

1) Landessprache：「国（家）語」。
2) Amtssprache：「公用語」。
3) homogen：「均質の」。反意語はheterogen「異質の」。
4) von oben nach unten：「上から下に」。
5) von links nach rechts：「左から右に」。

14. 伝統文化 ▶177

使える表現のポイント

● ... genannt〔sein / werden〕
…と呼ばれている

Der japanische Kaiser wird TENNO genannt.
日本の皇帝は「天皇」と呼ばれている。

● kurz ... genannt
（短く省略して）…と呼ばれる

Volkswagen, kurz VW genannt, verfügt über eine hohe Technologie.
フォルクスワーゲンは、ＶＷと呼ばれ、高い技術を持っています。

● wörtlich bedeuten ...
言葉通りの意味は…

HANAMI bedeutet wörtlich, „sich Blumen anschauen".
花見の意味は、「花を鑑賞する」ということです。

● im Zusammenhang mit + 3格
…³ と関連して

Im Zusammenhang mit diesem Thema möchte ich darauf eingehen.
このテーマと関連して、私はそのことを取り上げたい。

花を生ける芸術は、「生け花」とも「華道」とも呼ばれますが、16世紀に始められて以来、特に女性に人気があります。以前は、茶室の装飾と考えられていました。その後、さまざまな流派が創設され、多様な生け方を考案しました。今日では、20以上の有名な流派があります。

Die Kunst des Blumensteckens, IKEBANA oder auch KADO **genannt**, ist seit der Entstehung im 16. Jh. besonders bei Frauen beliebt. Früher wurde diese Kunst als Dekoration des Teezimmers verstanden. Später wurden viele Schulen[1] gegründet, die verschiedene Richtungen der Blumensteckkunst entwickelten. Heute gibt es mehr als 20 bekannte Schulen.

茶道（茶の湯）とは、日本の茶会、あるいは茶の芸術を意味しますが、中世の禅寺でのお茶会の作法に始まりました。その後、茶道の精神的な面が強調されるようになり、千利休が16世紀に「侘茶」として大成しました。

SADO oder CHANOYU, also die japanische Teezeremonie oder Teekunst, begann mit der mittelalterlichen Teeetikette in Tempeln der Zen-Schule. Im Laufe der Zeit wurde der geistige Aspekt des Teewegs betont, der schließlich von *Sen-no-Rikyu* als WABI-CHA im 16. Jh. systematisiert[2] wurde.

日本舞踊、すなわち日舞は、伝統的な日本の踊りで、着物を着た踊り手が舞台の上で踊ります。約400年続く伝統芸能は、能楽の成立とともに始まりました。日本舞踊の発展とともに5つの流派が成立し、日本の舞台芸術との関連が見受けられます。

Die traditionelle japanische Tanzkunst, NIHON-BUYO oder kurz auch NICHIBU **genannt**, bezeichnet Tanzformen, die von in Kimono bekleideten Tänzern auf der Bühne dargeboten werden. Diese etwa 400 Jahre alten Formen begannen mit dem Entstehen des Noh-Theaters. Ihre Entwicklung ist geprägt[3] von fünf großen Schulen und **im Zusammenhang mit** den japanischen Bühnenkünsten zu sehen.

書道は「書くための道」という意味です。6世紀から7世紀にかけて中国から伝わってきました。漢字が使われている、もしくは使われていた、東アジア地域で発展しました。筆と墨を使って書きます。

SHODO bedeutet wörtlich „Weg des Schreibens" und wurde im 6. und 7. Jh. aus China übernommen. In Ostasien, wo die chinesischen Schriftzeichen verwendet werden bzw. wurden, entwickelte sich diese Kunst. Man schreibt mit Pinsel und Tusche.

浮世絵は「浮世の絵」という意味で、江戸時代に生まれた、日本の絵画と版画のジャンルです。そこには庶民の生活感情が表現されています。ヨーロッパで浮世絵は、印象派の画家たちに大きな影響を与えました。有名な浮世絵は、葛飾北斎の「富嶽三十六景」でしょう。

UKIYO-E, bedeutet wörtlich „Bilder der irdischen, vergänglichen Welt". Es ist ein Genre der japanischen Malerei und der Farbholzschnitte, das sich in der Edo-Zeit (vom 17. bis 19. Jh.) entwickelt hat. Dabei wird das Lebensgefühl des Bürgertums dargestellt. In Europa übten UKIYO-E auf die Impressionisten großen Einfluss aus. Die bekanntesten Farbholzschnitte dürften wohl *Hokusais „36 Ansichten des Bergs Fuji"* sein.

東京2020オリンピック・パラリンピック競技大会
東京では2021年7〜8月にオリンピック、8〜9月にパラリンピックが無観客で開催されました。選手たちは可能な限りバブルの中で(外界から隔離されて)過ごし、ボランティアスタッフが競技の滞りない進行を支えました。いくつかの新種目、たとえば空手、スケートボードなども加わりました。次のオリンピックは2024年にパリで開催されます。

Olympia und Paralympics 2020 Tokyo
Von Juli bis August 2021 haben in Tokyo die olympischen Spiele sowie von August bis September die paralympischen Spiele 2021 unter Ausschluss von Besuchern stattgefunden. Die Sportler blieben weitestgehend in einer olympischen Blase. Viele freiwillige Helfer haben für einen reibungslosen Ablauf gesorgt. Es gab einige neue Sportarten wie Karate oder Skateboard fahren. Die nächste Olympiade wird 2024 in Paris stattfinden.

● 語彙の解説
1) Schule：「流派、学派」。
2) systematisieren：「…⁴を体系化する」。
3) prägen：「…⁴を特徴づける」。

> 使える表現のポイント

言い換える表現

● ... , nämlich
…、すなわち

Ich dusche mich zweimal pro Tag, nämlich morgens und abends.
私は一日に 2 度、つまり朝晩シャワーを浴びます。

● ... , das heißt (=d.h.)
…、つまり〜

Er hat seine eigene Wohnung, das heißt, er wohnt nicht mehr bei den Eltern.
彼は自分のアパートがある、つまり両親とはもう住んでいない。

日本には、歌舞伎、能、文楽という三大古典演劇があります。	In Japan gibt es drei klassische Theaterformen, **nämlich** KABUKI, NOH und BUNRAKU.
歌舞伎は庶民の演劇です。17世紀に出雲阿国によって始まりました。当時、風紀上の理由ですべて男性の役者が演じましたが、その伝統が今も受け継がれています。	KABUKI ist ein volkstümliches Theater. Es wurde im 17. Jahrhundert von *Izumo no Okuni* begonnen. Aus moralischen Gründen wurden sämtliche[1] Rollen von Männern übernommen. Diese Tradition wird beibehalten.
歌舞伎は派手な衣装と舞台装置、独特の化粧などが特徴です。	KABUKI ist durch prachtvolle Kostüme und Kulissen[2] sowie eigenartiges Schminken charakterisiert[3].
歌舞伎の演目には3種類あり、武士や貴族の物語、大衆の物語、そして踊りです。	Es gibt drei Arten[4] von Kabuki-Stücken. Geschichten von Kriegern und Adligen, Geschichten vom Volk und Tanzbühne.

能は14世紀頃に生みだされた武士階級の演劇です。	NOH ist im 14. Jahrhundert als Bühnenstück für die Krieger-Klasse entstanden.
能舞台は特徴的です。謡曲に伴われ、ゆっくりと演じられます。	Die Noh-Bühne ist sehr eigenartig. Begleitet von YOU-KYOKU, einem alten Gesang, wird es ruhig gespielt.
能の主人公は面をつけ、面の角度や動きで表情を表わします。せりふはありません。	Die Hauptdarsteller tragen Masken. Durch verschiedene Maskenansichten und Bewegungen werden Gefühle ausgedrückt. Die Darsteller sprechen nicht.
文楽は、日本古来の人形劇です。全身を黒い布で覆った3人の人形遣いが、大きな人形をかかえて操作します。	BUNRAKU ist ein altjapanisches Puppenspiel. Eine große Puppe wird von drei in schwarz bekleideten Spielern getragen und bewegt.
日本の伝統的な楽器には、琴、三味線、尺八があります。	Zu den japanischen traditionellen Musikinstrumenten zählen KOTO, SHAMISEN und SHAKUHACHI(Bambusflöte).
琴は縦長で、13本の弦を張った弦楽器です。三味線は三本の弦を張った弦楽器で、撥で弾きます。三味線は、歌舞伎や文楽、そして民謡の伴奏をします。	KOTO ist ein längliches Saiteninstrument, das mit 13 Saiten bespannt ist. SHAMISEN, ein dreisaitiges Saiteninstrument, wird mit einem Plektrum gespielt. Sie begleitet Kabuki-Theater, Bunraku-Puppentheater und Volkslieder (MINYO).

● 語彙の解説

1) sämtlich：「全部の、すべての」= alle。

2) Kulisse：「舞台装置」。

3) durch + 4格 charakterisiert：「…⁴によって特徴づけられる」。状態受動であるが、行為や現象を引き起こすものがそれ自体としての意思を持たない道具、手段、自然現象、単なる仲介者の場合は、durch + 4格で表わされることがある。（207ページ参照）

4) Art：「種類」=Sorte

使える表現のポイント

期間・期限を表わす表現

vor drei Jahren
3年前に

seit drei Jahren
3年前から

nach drei Jahren
3年後に（過去形と共に使う）

in drei Jahren
これから3年後に（未来のこと）

ein ganzes Jahr
まる1年

ab morgen
明日から

für eine Woche
1週間の予定で

von Montag bis Freitag
月曜日から金曜日まで

起源を表わす表現

● Ursprünge〔liegen / lagen〕in + 3格
…³に起源が〔ある／あった〕

Die Ursprünge lagen in Japan.
その起源は日本にありました。

● in + 3格 Ursprung haben
…³に起源がある

Der Brauch hat seinen Ursprung im 14. Jahrhundert.
その風習は14世紀にその起源があります。

● von + 3格 abstammen
…³に起源がある

Dieses Wort stammt vom Lateinischen ab.
この語の起源はラテン語です。

分類を表わす表現

● 4格 + 3格　zuordnen
…⁴をある種類（体系）など³に分類する

● 4格 + in + 4格　einteilen
…⁴を～⁴に分類する

● 4格 + klassifizieren / sortieren
…⁴を分類する

磁器の生産は中国に由来します
が、日本では九州の有田で1616
年に始まりました。有田焼は硬
い種類の陶磁器に分類されま
す。

Die Porzellanherstellung, deren
Ursprünge in China **lagen,** begann
in Japan **im Jahr 1616** in Arita auf
der Insel Kyushu. *Arita-Porzellan*
wird der Gruppe des Hartporzellans
zugeordnet.

有田焼が高品質であることに気
付いた一人のドレスデン出身者
が、有田焼をヨーロッパに紹介
しました。後に日本のモチーフ
がマイセン社の製品に見られる
ようになりました。

Es war ein Dresdner, der auf die hohe
Qualität der in Arita gebrannten
Porzellanwaren aufmerksam
geworden war und sie in Europa
vorstellte. Später erschienen japanische
Motive dann auf den Produkten der
Manufaktur Meißen.

漆を用いた日本の漆器は、世界
的に有名です。漆技術は3500年
ほど前に中国を起源とし、その
後日本で様々な技術的変更がな
され、9世紀に最盛期を迎えまし
た。

Japanische Lackware aus *Urushi-*
Lack ist weltbekannt. **Die Ursprünge**
der Lackkunst lagen vor 3500 Jahren
in China, danach wurde sie in
Japan durch verschiedene Techniken
modifiziert und erreichte **im 9. Jh.**
ihren Höhepunkt.

日本の漆器に用いられる漆は、
ツル科の植物の乳液から作られ
ます。それで家庭用品、食器、儀
式用の容器などを装飾します。
日本独自のものとして、さらに
金粉や銀粉をまぶします。

Der für japanische Lackwaren
verwendete *Urushi-Lack* wird aus
dem Milchsaft von Lianen gewonnen.
Damit werden Haushaltsgegenstände,
Geschirr, Gefäße für Zeremonien
usw. dekoriert[1]. Als Erfindung der
Japaner werden zusätzlich Gold- und
Silberpulver eingestreut[2].

和紙の世界はおそらく日本人の生活のほとんどの分野に及んでいるでしょう。和紙は、芸術家、職人、建築家、画家、書家たちが使用する材料となります。都会でも地方でも、提灯や扇子、傘、箱、おもちゃ、折り紙、便箋等に用いられています。特に神道の祭式においては、和紙は神々のお清めを象徴しています。

Die Welt des Washipapiers berührt[3] wohl fast jeden Bereich des Lebens in Japan. Es dient als[4] Material für Künstler, Handwerker, Architekten, Maler und Kalligraphen. Stadt- und Landbewohner gleichermaßen[5] benutzen es in Form von Laternen, Fächern, Schirmen, Kisten, Spielzeug, Origami und Schreibpapier. Nicht zuletzt[6] symbolisiert es den reinigenden Aspekt der Götter in den Riten des Shintoismus.

日本では8世紀以来、日本固有の三種類の樹木、すなわち楮（こうぞ）、岩菲（がんぴ）、三椏（みつまた）の繊維から和紙を作っています。非常に破れにくく、長持ちしますが、かなりぜいたくに作られています。

Washi wird in Japan **seit dem 8. Jahrhundert** aus den Fasern dreier[7] einheimischer Pflanzen (KOZO (Maulbeerbaum), GAMPI und MITSUMATA) hergestellt. Es ist äußerst reißfest[8] und haltbar. Der Herstellungsprozess ist sehr aufwändig.

● 語彙の解説

1) dekorieren：「飾る、装飾する」= schmücken。

2) einstreuen：「ちりばめる」。

3) berühren：「…4に触れる」。

4) als+1格 dienen：「…1として使われる」。

5) gleichermaßen：「同じように、同等に」。

6) nicht zuletzt：「とりわけ」= vor allem。

7) dreier：数詞dreiの2格："von drei Sorten" einheimischer Pflanzen。ふつう格語尾は付かないが、無冠詞の時、dreier（2格）となることもある。

8) reißfest：「（布・糸などが）裂けにくい、切れにくい」。-festは形容詞を作る接辞で、「…に対して強い」の意味。feuerfest（耐火性の）、wasserfest（耐水性の）など。

使える表現のポイント

時を表わす表現

● um＋時刻、am＋日付、im＋月

um 10 Uhr　　am 1.(ersten) Mai　　am Montag　　im November
10時に　　　　5月1日に　　　　　　月曜日に　　　　11月に

Anfang Januar　　Mitte Februar　　Ende März
1月上旬　　　　　　2月中旬　　　　　3月下旬

gegen〔Mittag / Abend / zehn Uhr〕
お昼ごろ／夕方ごろ／10時ごろ

(am) Montagabend / montagabends
月曜の晩

am frühen Vormittag
午前早く

am späten Nachmittag
午後遅く

「行なわれる」「催される」の表わし方

● Xは…日に祝われる　　　　X wird an dem Tag gefeiert.

● Xは…日に行なわれる　　　X findet an dem Tag statt.

　　　　　　　　　　　　　X fällt auf den Tag.

● その際、…である　　　　　Dabei＋定形第2位

　　　　　　　　　　　　　… , wobei …定形後置（関係文）
　　　　　　　　　　　　　… , in dem …定形後置（関係文）

Wir feiern den Geburtstag unseres Vaters, wofür ich einen
Kuchen backe.
私たちは父親の誕生日を祝います。その際に私がケーキを焼きます。

「祝日」に関する語彙

der Feiertag
祝日

der gesetzliche Feiertag
法律で定められた祝日

der bewegliche Feiertag
移動祝日（begehen 祝う）

der Brückenfeiertag
祝日に挟まれた平日が祝日となった場合
（zwischen **A** und **B** einschieben　AとBとの間に挿入する）

das Fest
祭り（feiern 祝う）

der Festtag
祝祭日（stattfinden 開催される）

der Gedenktag
記念日（einen Gedenktag begehen 祝う）

die Feier
祝典

feiern
祝う

「成人の日」は、法律で定められた「国民の祝日」で、年によって変わる移動祝日です。1月の第2月曜日に祝います。ドイツ語圏の祝日はキリスト教に基づくものが多く、例えばイースターが移動祝日です。

「ひな祭り」は3月3日に祝われますが、法律で定められた祝日ではありません。

5月4日は、法律により祝日に挟まれた平日が祝日となった「国民の休日」です。ドイツではそのような法律はなく、間の日を休みにするかどうかは、会社や学校が決めます。

また、日本では振替休日（Ersatzfeiertag）の制度がありますが、ドイツにはありません。

8月の6日と9日は、広島と長崎の原爆記念日ですが、記念日は祝日ではありません。

正月は、年始の三が日に祝う行事です。初詣に出かけたり、年賀状を交換したり、お節料理を食べます。

SHOGATSU, „(das) Neujahr", **wird** an den ersten drei Tagen des Jahres **gefeiert. Dabei** macht man den ersten Schreinbesuch des Jahres, tauscht Neujahrskarten aus und isst Neujahrsgerichte (OSECHI).

成人の日は1月の第2月曜日です。成人式は1月の半ばに市町村単位で行なわれます。18歳になった若者たちが式に参加し、大人の仲間入りとなります。

Der Tag der Volljährigkeit wird am 2. Montag im Januar begangen. Die Volljährigkeitsfeier, SEIJIN-SHIKI genannt, **findet** Mitte Januar in jeder Stadt **statt. An dem Tag** nehmen die 18jährigen[1] der Stadt an der Zeremonie teil und werden als Erwachsene aufgenommen.

節分は、立春の1日前、通常2月3日に行なわれます。窓や家の戸口から小さな豆をまいて、「福は内、鬼は外」と叫び、悪霊を追い払います。

SETSUBUN, „Winteraustreibung", **findet** einen Tag vor dem Frühlingsbeginn[2] nach dem traditionellen Mondkalender[3], gewöhnlich am 3. Februar, **statt.** Man wirft durch Fenster und Haustüren Sojabohnen hinaus und ruft „Glück hier drinnen, Böses da draußen!" um böse Geister zu vertreiben.

女の子のお祭り「雛祭り」は3月3日に行なわれます。娘の将来の幸せを祈り、桃の花や雛人形を飾り、あられやちらし寿司を食べてお祝いします。

Auf den 3. März fällt das Mädchen- oder Puppenfest, HINAMATSURI. Mit dem Wunsch für das Glück der Töchter werden traditionelle Puppensets aufgestellt, die mit Pfirsichblüten geschmückt sind. Oft wird dazu eine kleine Party mit Süßigkeiten und Sushi gegeben.

男の子のお祭りは、5月5日の「こどもの日」です。子供たち、特に男の子の健やかな成長を祈ります。高い柱を立てて、それに色鮮やかな鯉のぼりを結び付け、まるで泳いでいるかのように、風になびかせます。

KODOMO NO HI, der Tag des Kindes ist ein „Fest für Jungen" und wird am 5. Mai **gefeiert.** Man wünscht den Kindern, besonders den Jungen Wohlergehen. **Dabei** stellt man einen hohen Mast auf, an dem bunte, karpfenförmige Windsäcke angebunden sind, die im Wind wie Fahnen wehen. Man sagt dann: „Sie schwimmen."

7月7日は七夕です。元々は中国の言い伝えですが、恋人同士の牽牛星と織姫星がこの日の晩、天の川を渡り1年に1度出会うことのできる日です。子供たちは短冊に願いを書いて笹竹に飾ります。

TANABATA, das „Sternenfest" am 7. Juli geht auf eine chinesische Legende zurück[4]. Die Geliebten Vega und Altair sollen an diesem Abend die Milchstraße überschreiten und sich einmal im Jahr treffen. Kinder schreiben ihre Wünsche auf bunte Papierstreifen und hängen sie an Bambuszweige.

8月の半ばにお盆があります。この時期先祖の霊が家族のもとに帰ってくると考えられており、この時期、夏休みをとって、里帰りし、墓参りします。

Mitte August ist die OBON-Zeit. Man glaubt, in dieser Zeit kommen die Seelen der Verstorbenen nach Hause zurück. Um diese Zeit macht man oft Urlaub, fährt in die Heimat und besucht das Familiengrab.

11月15日には七五三という子供のお祭りがあります。3歳と7歳の女の子、5歳の男の子が着物を着て氏神様にお参ります。

Am 15. November **feiern** drei- und siebenjährige Mädchen und fünfjährige Jungen SHICHI-GO-SAN. Kinder tragen oft einen Kimono und besuchen die Schreine in den Gemeinden.

大晦日の晩には、年越しそばを食べて、来る年の幸せと健康（長寿）を願います。

Am Silvestertag, am ŌMISOKA, isst man am Abend traditionell lange SOBA: Buchweizennudeln, für das Glück und die Gesundheit (langes Leben) im neuen Jahr.

● 語彙の解説

1) die 18jährigen：「18歳の人々」〔形容詞変化〕。

2) Frühlingsbeginn (= Frühlingsanfang)は、ここでは太陰暦での春分の日で、太陽暦では2月4日頃にあたる。

3) Mondkalender：「太陰暦」。

4) auf + 4格 zurückgehen / zurückverfolgen：「…4にさかのぼる、由来する」。

頻度を表わす表現

jeden Tag	jede Woche	jeden Monat	jedes Jahr
毎日	毎週	毎月	毎年

einmal〔pro Tag / am Tag〕
　1日に1回

zweimal〔pro Woche / die Woche / in der Woche〕
　1週間に2回

dreimal〔pro Monat / im Monat〕
　1か月に3回

immer	meistens	oft	manchmal
いつも	たいてい	しばしば	ときどき

selten	nie
めったに…ない	決して…ない

日本の有給休暇は、半年勤務すると10日で、その後毎年1～2日増え、最大20日で、欧米諸国と比べて少ないです。

In Japan bekommen Arbeiter nach einer halbjährigen Anstellung 10 Tage Urlaub. Dann bekommen sie **jedes Jahr** 1-2 Tage mehr, bis 20 Tage. Im Vergleich zu[1] den europäischen Ländern ist es aber wenig.

有給消化率も50パーセント程度です。ドイツと異なり、病気になった時も有給休暇を使うことが多いようです。

Japaner nehmen durchschnittlich nur 50% der bezahlten Urlaubstage[2]. Anders als Deutsche benutzen Japaner **oft** bezahlte Urlaubstage auch bei Krankheit.

日本人は、短い旅行休暇を数回とることを好みます。そうすることで数日間、気分転換をはかります。

Japaner machen gerne mehrmals Kurzurlaube um zu verreisen. Sie haben dann für einige Tage eine anregende Abwechslung.

8月のお盆と年末年始には、たいていの日本人は1週間ほど休みます。

In der Obon-Zeit im August und zum Jahreswechsel[3] nehmen die meisten Japaner eine Woche Urlaub.

祝日の数は実は日本の方がドイ
ツよりも多いです。例えば祝日
が日曜日にあたった場合、その
次の月曜日が振替休日になりま
す。

In Japan gibt es eigentlich mehr
Feiertage als in Deutschland.
Wenn zum Beispiel ein Feiertag
auf einen Sonntag fällt, gibt es am
darauffolgenden Montag einen
Ersatzfeiertag.

育児休業は、産前産後休業とは
別に、子供が1歳になるまで、母
親か父親がとることができま
す。給料は無給か、減額されま
すが、それを補う給付金が受け
取れます。

Neben Mutterschaftsurlaub[4] kann
ein Elternteil Erziehungsurlaub[5]
nehmen. Mutter oder Vater können
sich beurlauben[6] lassen, bis das Kind
ein Jahr wird. Während der Elternzeit
bekommen sie kein Gehalt, aber der
Verlust wird mit einem Zuschuss
ausgeglichen[7].

● 語彙の解説

1) im Vergleich〔zu / mit〕＋3格：「…³と比較して」。

2) bezahlte Urlaubstage / bezahlter Urlaub：「有給休暇」。Urlaub nehmen(休暇
をとる) / beantragen (申請する) / bekommen (もらう)。ドイツでは平均し
て年30日の有給休暇があり、病欠は有給休暇日数から差し引かれない。

3) Jahreswechsel：「年が改まること、年末年始」。

4) Mutterschaftsurlaub：「産休」。

5) Erziehungsurlaub：「育児休暇」。ドイツでは最近は Elternzeit と呼ぶ。

6) beurlauben：「…⁴に休暇を与える/休職させる」。

7)〔mit＋3格 / durch＋4格〕ausgleichen：「〔…³で/…⁴で〕補う、埋め合わせ
する」。

─ことばコラム─

【 **Sprachgebrauch** 】　コロケーション：fahrenとlaufen

fahrenとlaufenはさまざまな語と組み合わせて使われます。

- Skilaufen(Ski laufen), Skifahren(Ski fahren) スキーをする(Ich laufe gern Ski.
Zum Skifahren gehe ich oft in die Schweiz.)
- Eislaufen, eislaufen スケートをする
- Skateboard fahren スケートボードをする
- Snowboard fahren スノーボードで滑る(Ich fahre lieber Snowboard als Ski.)
- Rad fahren 自転車に乗る(Rennrad fahren, Radrennen fahren 自転車レース
で走る)

場所・方向を表わす表現
（3・4格支配の前置詞 an, auf, in など、3格支配の zu, nach など）

[公共施設 an / auf]

〔am / auf dem〕Bahnhof
駅で

〔an / auf〕den Bahnhof　= zum Bahnhof
駅へ

〔an / auf〕der Post　　〔an / auf〕die Post = zur Post
郵便局で　　　　　　　郵便局へ

[広い空間 auf]

auf dem Markt　　auf den Markt
市場で　　　　　　市場へ

[建物内部 in]

im Kino　　　ins Kino
映画館で　　映画館へ

[海・湖・川 an]

am Meer　　ans Meer
海（辺）で　　海（辺）へ

[方向（人・催し）zu]

zum Arzt　　　zur Party
医者へ　　　　パーティーへ

[地名 nach]

nach Deutschland　　nach rechts
ドイツへ　　　　　　　右へ

（定冠詞付きの国名の場合）in die Schweiz
スイスへ

花見は、日本人にとって春の最大の楽しみです。友達や知り合いと一緒に、咲き誇る桜の木の下で楽しみます。日本人は桜をこよなく愛しています。美しく咲き、すぐに散る儚さが、諸行無常を思い起こさせてくれるからです。

HANAMI, die Kirschblütenschau, macht Japanern die größte Freude im Frühling. Sie sitzen mit Freunden oder Bekannten **unter den** blühenden Kirschblüten und amüsieren sich[1]. Japaner lieben Kirschblüten, denn sie fallen trotz ihrer Schönheit schnell ab, was uns an *shogyo-mujo*, die Vergänglichkeit alles Weltlichen[2] erinnert.

秋は日本で最も美しい季節です。すでに古来より、10月から11月半ばにかけての秋の美しい紅葉を、特に山腹の美しい紅葉を愛でてきました。この習慣を「紅葉狩り」、すなわち赤く色づいたもみじの葉を求め手に入れることと呼んでいます。

Der Herbst ist die schönste Jahreszeit in Japan. Schon seit alters her[3] genießt man von Oktober bis Mitte November die schöne Färbung der Blätter im Herbst, vor allem **an den Hängen** der Berge. Diese Sitte nennt man MOMIJI-GARI (MOMIJI = sich rot färbende Ahornblätter, GARI = KARI = Jagd), also ein Erjagen eines schönen Blicks **auf die rot gefärbten Ahornblätter.**

チェスのような、日本の伝統的なゲームに、将棋があります。

Als dem Schach ähnlich kann man das traditionelle japanische Brettspiel SHOGI bezeichnen.

囲碁も、碁盤の上で二人で対戦します。白と黒の石を交互に置いて行き、それぞれの石で囲った勢力分野の大きさを競います。

Auch das GO-Spiel (IGO) wird **auf einem Holzbrett** zu zweit gespielt. Dabei werden weiße und schwarze Steine wechselseitig auf dem Spielfeld aufgelegt. Die Spieler kämpfen um[4] den jeweils größeren Machtbereich.

将棋も囲碁も昇段制度があり、プロの棋士がいます。

Sowohl SHOGI als auch GO verfügen über ein Rangsystem. Es gibt auch Profispieler.

1) sich⁴ amüsieren：「楽しむ」。

2) Vergänglichkeit alles Weltlichen：「諸行無常」、すなわち「現世のすべての物の移ろいやすさ」。

3) seit alters (her)：「昔から」(雅語) = seit früher。

4) um + 4格 kämpfen：「…⁴を求めて／かけて戦う」。

20. 観光　　　　　　　　　　　　　　　　　　► 183

使える表現のポイント

世間でどのように受け止められているかを述べる表現

● für + 4格 (weltweit) bekannt / berühmt sein
　…⁴で (世界的に) 知られている、有名である

● als + 1格の名詞、あるいは形容詞 + gelten
　…と見なされている

　Er gilt als intelligent.
　彼は聡明だと見なされています。

● für + 4格の名詞、あるいは形容詞 + gelten
　…と見なされている

　Die Regeln gelten für überholt.
　それらの規則は時代遅れと見なされています。

● zu+3格　zählen
　…³の一つと見なされている

　Ito zählt zu den größten Politikern der Meiji-Zeit.
　伊藤 (博文) は明治時代の最も偉大な政治家の一人と見なされています。

富士山は3776メートルと日本で最も高く美しい、日本を象徴する山です。世界遺産に登録されています。

Der Berg Fuji ist mit 3776 Metern als der höchste und der schönste Berg ein Symbol Japans. Er gehört inzwischen auch zum Weltkulturerbe.

雲の上にそびえる頂上は、ほとんど一年中雪で覆われているため、登山のシーズンは7月と8月だけです。

Der Gipfel, der über die Wolken ragt¹⁾, ist fast das ganze Jahr mit Schnee bedeckt, deshalb ist die Bergsaison nur auf die Monate Juli und August beschränkt²⁾.

毎年、国内外から約40万人の登山客が訪れます。五合目までは車やバスで登り、その後約7時間かけて頂上まで上ります。富士山は神聖な場所とされています。頂上には神社があります。

Jährlich besteigen etwa 400.000 Wanderer aus dem In- und Ausland den Berg. Bis zur fünften Station (auf halber Höhe) kann man mit dem Auto oder Bus fahren, dann steigt man etwa sieben Stunden zu Fuß bis zum Gipfel. Der Fuji **gilt als** heilig. Am Gipfel steht ein Shinto-Schrein.

箱根は、富士山と伊豆半島の間に位置する保養地です。全体で富士伊豆箱根国立公園を成しています。険しい山、火山、湖、温泉、歴史的名所などがあります。

Hakone ist ein Erholungsgebiet, das zwischen dem Berg Fuji und der *Izu*-Halbinsel liegt. Das ganze Gebiet bildet den *Fuji-Izu-Hakone*-Nationalpark. Dort gibt es steile Bergzüge, Vulkane, Seen, heiße Quellen und historische Sehenswürdigkeiten.

日光国立公園は、東京の北、140キロメートルの所にあります。そこは自然が豊かで、高い山々や火山、湖、滝、古く高い杉林などがあります。

Der Nikko-Nationalpark liegt 140 km nördlich von Tokyo. Dort ist viel Natur zu sehen: hohe Berge und Vulkane, Seen und Wasserfälle und alte, hohe Zedernbäume.

日光の重要な見所は二社一寺で、1999年にユネスコの世界遺産に登録されました。その中でも特に東照宮は見る価値があります。東照宮は見事な彫刻で有名で、徳川幕府の創始者である家康を祀っています。

Zu den wichtigen Sehenswürdigkeiten **zählen** zwei Schreine und ein Tempel, die im Jahr 1999 als Weltkulturerbe der UNESCO anerkannt wurden. Unter anderem ist der *Toshogu*-Schrein sehenswert. Er ist **für prachtvolle Schnitzdekors bekannt** und dem verstorbenen *Shogun Ieyasu*, dem Gründer des *Tokugawa*-Shogunats, gewidmet[3].

鎌倉は、東京から約50キロメートル南に位置する小さな歴史的な町です。12世紀に最初の幕府が置かれました。ここには多くの寺や神社がありますが、中心となるのは青銅でできた大仏です。

Kamakura ist eine kleine historische Stadt, die etwa 50 km südlich von Tokyo liegt. Im 12. Jh. lag hier der Sitz des ersten Shogunats. Hier sind unter anderem[4] viele Tempel und Schreine, die Hauptattraktion bildet jedoch der große, sitzende Buddha, DAIBUTSU aus Bronze.

● 語彙の解説

1) ragen：「そびえ立つ」。

2) auf + 4格 beschränken：「…4に制限する」。

3) 3格 + 4格 + widmen：「…3に～4を捧げる、献呈する」。

4) unter anderem：「(ものに関して)とりわけ」。なお、「(人に対して)とりわけ」というのは、unter anderen。

21. 伝統的スポーツ　▶ 184

> **使える表現のポイント**
>
> **不定関係代名詞 wer の使い方**
>
> 「(およそ) …する人」の意味で使われ、先行詞を必要としません。後続する主文の文頭は、指示代名詞 der またはその変化形で受けます。
> ただし、wer... , der... / wen... , den... の組み合わせの場合は、指示代名詞 der, den を省略できます。
>
> Wer dieser Meinung zustimmt, (der) soll seine Hand heben.
> この意見に賛成する人は手を挙げてください。
>
> Wen ich hier kennengelernt habe, (den) lade ich ein.
> ここで知り合いになった人を招待します。
>
> Wer sich selbst hilft, dem hilft Gott.
> 神は自ら助くる者を助く。

日本の国技は相撲ですが、野球やサッカーの方が人気です。

Eine japanische Nationalsportart ist SUMO, aber Baseball und Fußball sind beliebter.

相撲のルールは簡単です。先に土俵の外に出たり、体の一部、例えば手の指先などが土に触れたりしたら負けです。

Die Regeln vom SUMO sind einfach. **Wer** zuerst über den Seil-Ring hinausgedrängt[1] wird, oder mit einem Teil seines Körpers, z.B. mit der Fingerspitze, den Boden berührt, hat den Kampf verloren.

力士たちは「まわし」をつけただけで戦います。取組の前には、神道の影響を受けた儀式があります。

Die Kämpfer, RIKISHI genannt, tragen beim Kampf nur einen Lendengürtel (MAWASHI)[2]. Vor dem Kampf gibt es vom Shintoismus beeinflusste Rituale.

相撲の本場所は年に6回あり、それぞれ15日間です。勝ち星の最も多い力士が優勝します。

Sechsmal pro Jahr finden 15tägige Turniere statt. **Wer** die meisten Kämpfe gewonnen hat, wird der Meister des Turniers.

最近は、外国人力士も多く見られます。

In letzter Zeit sind nicht wenige ausländische Sumo-Ringer dabei.

柔道は、日本独自の武道の一つです。元々はさまざまな流派がありましたが、明治時代に、加納治五郎が、「講道館柔道」の名の下に統一しました。柔道は現在世界中で愛好されており、オリンピック競技の一つになっています。

JUDO ist eine der typisch japanischen Kampfsportarten. Ursprünglich gab es viele verschiedene Stilrichtungen, aber in der Meiji-Zeit wurden sie von *Kano Jigoro* unter dem Namen[3] *Kodokan-Judo* zusammengefasst. Judo ist jetzt weltweit beliebt und als Sportart bei der Olympiade anerkannt.

剣道は、竹刀で戦う、日本のフェンシングのようなスポーツです。もともと侍たちの訓練のためのものでしたが、今日では次第に世界中で愛好されるようになりました。

KENDO ist eine Art japanisches Sportfechten, wobei mit dem Bambusschwert gekämpft wird. Es war ursprünglich eine Übung der Samurai und ist heute ein beliebter traditioneller Sport, der inzwischen auch international bekannter ist.

空手は、文字通りには「空の手」つまり、武器を持たずに戦うことを意味します。中国の拳法と沖縄の武術が組み合わさってできた護身術です。

KARATE bedeutet wörtlich „leere Hände", das heißt, man kämpft ohne Waffen. Es ist ein Kampfsport zur Selbstverteidigung, aus Kampftechniken aus China und einer aus Okinawa entwickelt.

● 語彙の解説

1) hinausdrängen：「外に押しやる」。hinaus ... は「(中から) 向こうの外へ」を表わす。逆は herein。
2) Lendengürtel：「まわし」。Lende は「腰」の意味。
3) unter dem Namen (von) X：「X の名前で」。

22. 食材　　　　　　　　　　　　　　▶ 185

使える表現のポイント

● eine Art +1格 (または2格、von+3格)
一種の…[123] のようなもの

Das Shogi-Spiel ist eine Art (von) Schachspiel.
将棋は一種のチェスのようなものだ。

豆腐は、大豆製のカッテージチーズ、あるいはフレッシュチーズのようなもので、薄片に切れる程度に軟らかな、白い食材で、豆乳から作られます。生のまま食べたり、味噌汁や鍋料理の具材として、茹でたり焼いたりします。

TOFU, Sojabohnenquark oder -frischkäse, ist ein weiches, aber schnittfestes[1], fast weißes Lebensmittel. Es wird aus Sojabohnen-Milch (TO'NYU) hergestellt. Man isst TOFU oft frisch, aber auch gekocht oder gebraten als Einlage von Miso-Suppe oder Eintopf.

こんにゃくは、ゼラチンのような食材で、ある種、すりおろした塊根から作られます。それ自体の味はありませんが、いろいろな料理の材料に使われます。こんにゃくは食物繊維に富み、カロリーが少なく、満腹感があるので、ダイエットに適しています。

KON'NYAKU ist eine gelatineartige[2] Masse[3] und wird aus **einer Art** geriebener Wurzelknolle verarbeitet[4]. Es hat keinen Eigengeschmack, aber wird in vielen Gerichten als Zutat verwendet. KON'NYAKU ist für eine Diät sehr geeignet, denn es ist reich an Balaststoffen, kalorienarm und sehr sättigend[5].

味噌は日本料理に欠かせない調味料で、発酵させた大豆から作られたペーストです。塩と酵母を加えて作ります。

MISO ist ein wichtiges Gewürz für die japanische Küche. Es ist **eine Art** Paste aus vergorenen[6] Sojabohnen, die mit Salz und Hefe hergestellt wird.

日本では根菜がよく食べられます。ごぼうや里芋などがあります。春に食べる典型的な根菜が、たけのこです。たけのこは成長が早く、10日で竹になると言われています。採ってから1時間以内の、ごく新鮮なたけのこは生で食べられますが、普通は茹でてから調理して食べます。たけのこは食物繊維が豊富です。

In Japan werden viele verschiedene Knollen- und Wurzelgemüse gegessen, z. B. GOBO (Schwarzwurzel) oder SATO'IMO (Taro-Kartoffel). Typisch für das Frühjahr ist TAKENOKO, Bambussprossen. Die Bambussprosse wächst so schnell, dass sie schon in zehn Tagen ein richtiger Bambus wird. Ganz frische Bambussprossen (innerhalb 1 Stunde nach der Ernte) kann man roh essen, aber normalerweise werden sie vorgekocht und dann weiter verarbeitet. TAKENOKO ist reich an Zellulose[7].

● 語彙の解説

1) schnittfest：「(チーズ・ペースト・果実などが、軟らかすぎないで) 薄片に切ることのできる固さの」。(例) schnittfeste Tomaten (手ごろな固さのトマト)。

2) gelatineartig：「ゼラチンのような、ゼラチン状の」。

3) Masse：「かたまり」。

4) verarbeiten：「加工する」。

5) sättigend：＜ sättigen (満腹にさせる) の現在分詞。

6) vergoren：＜ vergären (発酵させる) の過去分詞。

7) Zellulose：「セルロース、繊維素」。

――― ことばコラム ―――

【 Wortschatz 】 Hand を含む語彙

Handtasche ハンドバッグ、Handtuch タオル、Handschuhe 手袋
aushändigen 手渡す

使える表現のポイント

不定代名詞 man の使い方

一般的な人を表わします。人称代名詞 er で受けることができないので、必要ならば何度も繰り返して使います。

In Japan isst man viel Reis, aber man isst auch Brot.
日本ではたくさん米が食べられますが、パンも食べます。

man（1格）、eines（2格、使用は稀）、einem（3格）、einen（4格）のように格変化します。

象徴を表わす表現

● für + 4格 stehen
…⁴を象徴（代表）している（＝symbolisieren）

Die Fahne der Olympiade steht für die fünf Kontinente.
オリンピック旗は、五大陸を象徴しています。

日本食は、2014年に世界無形遺産に登録されました。見た目が美しく、食材や調理法が多様で健康的、と称されています。

Japanisches Essen ist im Jahre 2014 als „geistiges Weltkulturerbe der UNESCO" anerkannt worden. **Man** sagt, japanische Gerichte werden sehr schön serviert, und ihre Zutaten und Zubereitungen sind vielfältig und gesund.

寿司は世界中で有名な、日本のごちそうです。酢飯から作られます。典型的なのが「にぎり寿司」で、小さなご飯に生魚やシーフードをのせたものです。寿司には他にも「巻き寿司」や「ちらし寿司」などの種類があります。

SUSHI ist eine weltbekannte japanische Delikatesse, die aus Essig-Reis gemacht wird. Typisch ist „Nigiri"-zushi, das aus einem kleinen Stück Reis mit rohem Fisch oder Meeresfrüchten besteht. Es gibt auch andere Sushi-Varianten, wie „Maki"-Zushi (gerolltes Sushi), „Chirashi"-Zushi (zerstreutes Sushi) usw.

天ぷらは、揚げ物です。新鮮な野菜や魚介類に、溶き卵を加えた薄い衣をつけて揚げます。

TEMPURA ist ein in schwimmendem Fett ausgebackenes[1] Gericht. Frisches Gemüse und Meeresfrüchte werden mit einem leichten Eierteig fritiert.

しゃぶしゃぶは、楽しい集まりの鍋料理で、フォンデューに似ています。非常に薄く切った肉（たいていは牛肉ですが、豚肉でも良い）で、すぐに調理できます。しゃぶしゃぶという名前は、沸騰したお湯の中で肉を裏返す際に出る音に由来しています。

SHABUSHABU ist ein geselliges[2] Gericht mit einem Topf in der Tischmitte – ein „Fondue" ähnliches Gericht, das mit hauchdünn[3] geschnittenem Fleisch (meist Rindfleisch, aber auch Schweinefleisch) schnell zubereitet werden kann. Der Name kommt von dem beim Wenden des Materials im kochenden Wasser entstehenden Geräusch.

すきやきは、しゃぶしゃぶに似た、牛肉料理です。薄く切った牛肉を、野菜や豆腐などの材料と一緒に、テーブルの上に置いた大きな鍋で焼きます。それから醤油と砂糖で味付けをします。

Ähnlich wie SHABUSHABU ist SUKIYAKI ein Rindfleisch-Gericht. Dabei brät man dünn geschnittenes Rindfleisch zusammen mit Gemüse, Tofu und anderen Zutaten in einem großen Topf am Tisch. Dann schmeckt man die Zutaten mit Sojasoße und Zucker ab.

日本の麺の代表と言えば蕎麦です。蕎麦は蕎麦粉から作られ、アミノ酸が豊富でカロリーも低い健康食です。冷たくしても、温かくしても美味しく、天ぷらなどの具と一緒にいただきます。

Eine typische Nudelsorte in Japan sind SOBA (Buchweizennudeln). Sie sind sehr gesund, denn sie enthalten viel Aminosäure[4] und wenig Kalorien. Man isst SOBA kalt oder warm, oft zusammen mit verschiedenen Zutaten wie TEMPURA.

蕎麦は昔から日本文化と深い関わりを持っています。日本人は蕎麦を大晦日に食べますが、それは細く長い蕎麦が長寿を意味しているからです。

SOBA sind seit alten Zeiten[5] Teil der japanischen Kultur. Vor allem beim Jahreswechsel an Silvester isst man traditionell SOBA, weil die lange Form **für** langes Leben **steht**.

うどんは西洋のスパゲッティーのように、小麦粉から作られた太めの白い麺です。蕎麦のように冷たく、または温かくして、さまざまな具材とともにいただきます。

UDON sind relativ dicke weiße Nudeln, die man aus Weizenmehl macht, ähnlich wie Spaghetti in Europa. Auf die gleiche Art und Weise[6] wie SOBA isst man auch UDON kalt oder warm mit verschiedenen Zutaten.

ラーメンは、本来は中国から来た麺ですが、すでに日本料理となっています。各地に土地の名物ラーメンがあり、だしのとり方や汁の味、麺の形状に特色があります。

Ursprünglich sind RAMEN chinesische Nudeln, aber sie sind schon zum japanischen Essen geworden. In Japan gibt es verschiedene Ramensorten, die sich von Ort zu Ort durch die Brühe und Nudelformen unterscheiden.

● 語彙の解説

1) ausbacken：「（油で）揚げる、フライにする」= fritieren。

2) gesellig：「社交的な、（集まりなどが）楽しい」。

3) hauchdünn：「極めて薄い」。Hauchは「わずかな風」「かすかな香り」のことで、極めて少ない、繊細だという意味を強調する。

4) Aminosäure：「アミノ酸」。

5) seit alten Zeiten：「昔から」。

6) die Art und Weise：「やり方、方法」。auf diese Art und Weise（このようにして）。

24. 飲料　　　　　　　　　　　　　　　　　　▶ 187

> **使える表現のポイント**
>
> ### 意見をまとめる時に使える表現
>
> ● im Allgemeinen
> 一般に、概ね
>
> Im Allgemeinen geht es mir gut.
> 私は概ね元気です。
>
> ● in diesem Sinn(e)
> こういった意味において
>
> In diesem Sinne spielt das eine wichtige Rolle.
> この意味でそれは重要な役割を果たしています。

日本人は、一般的に西欧人よりアルコールに弱いようですが、外でお酒を飲む機会は多いです。

Im Allgemeinen vertragen[1] Japaner nicht so viel Alkohol wie Europäer. Aber wir gehen gern zum Trinken aus.

仕事の後、社員たちは同僚とお酒を飲む機会が多く、特に年末などは、大人数で宴会をします。お酒の席で、仕事の話が続くことも多いです。この点、主にカップルで出かける西洋人とは異なります。

Nach der getanen Arbeit gehen japanische Angestellte oft mit ihren Kollegen trinken. Solche Gelegenheiten in einer großen Gruppe hat man besonders oft am Jahresende. Beim Trinken unterhalten sie sich häufig über ihre geschäftlichen Themen. **In diesem Sinne** verhalten sich die Europäer ganz anders, die lieber zusammen mit ihrem Partner/ ihrer Partnerin ausgehen.

一番よく飲まれるのはビールです。しかし日本独自のお酒といえばやはり日本酒です。日本酒は、米と水、麹から作られます。日本各地に約5000種の地酒があります。

Als Alkohol trinkt man in Japan am häufigsten Bier. Aber ein typischer Alkohol ist SAKE, nämlich Reiswein. SAKE stellt man aus Reis, Wasser und Hefe her. In ganz Japan gibt es in den Regionen etwa 5000 verschiedene Sakesorten.

日本の飲料の代表と言えば、緑茶でしょう。西洋の紅茶と茶葉は一緒なのですが、紅茶のように発酵させてはおらず、蒸して乾燥させているので、緑の色とビタミンが多く残っています。ですから緑茶はとても健康的で、病気を予防してくれます。

Ein typisches japanisches Getränk ist grüner Tee. Seine Teeblätter sind gleich wie die vom in Europa getrunkenen schwarzen Tee, aber das Produktionsverfahren ist anders. Grünteeblätter sind nicht gegoren, sondern gedämpft und getrocknet. Daher bleiben die Farbe und die Vitamine enthalten[2]. Grüner Tee ist gesund, er beugt Krankheiten vor[3].

● 語彙の解説

1) vertragen：「…⁴に（体質的・気質的に）耐えられる。（飲食物を）受け付ける」。

2) enthalten bleiben：「含まれたままになっている」。bleiben（ままである）＋状態（過去分詞）。

3) vorbeugen：「…³を予防する」。

bekommen 受動

bekommen + 過去分詞で、「…してもらう」「される」という意味になります。

Die Studenten bekommen von den Professoren diese Informationen mitgeteilt.
学生たちは教授たちからこれらの情報を伝えられます。

日本人はお祝い事の際に、よく贈り物をします。結婚式や出産祝いをはじめ、入学祝いや就職祝いなどです。

Bei den erfreulicheren Gelegenheiten machen Japaner gern Geschenke, zum Beispiel bei der Hochzeit, Geburt eines Kindes, Einschulung, Anstellung usw.

結婚式では、お金でお祝いをするのが一般的で、一人で招待されれば3万円、夫婦ならば5万円以上と相場が決まっています。縁起を担いで、3や5などの奇数（割り切れない数）が好まれます。

Bei der Hochzeitsparty schenken die Gäste den neuen Ehepartnern in den meisten Fällen[1] Geld. Es gibt gewöhnlich folgende Beträge: 30.000 Yen für allein Eingeladene, mehr als 50.000 Yen für als Paar Eingeladene, möglichst eine Zahl, die nicht teilbar ist, wie z.B. 3 oder 5.

夏と冬には季節の贈り物、例えばお中元やお歳暮を特に知り合いや取引先との良い関係を保つために贈ります。

In Japan gibt es eine sogenannte Geschenksitte für die Jahreszeiten, zum Beispiel OCHUGEN (Sommergeschenke) und OSEIBO (Wintergeschenke). Diese schenkt man für gute Beziehungen insbesondere Bekannten oder Geschäftspartnern.

クリスマスや誕生日のプレゼントは、普通は子供のためのものです。大人に贈るかどうかは個人差があります。

Weihnachts- und Geburtstagsgeschenke sind normalerweise für Kinder. Unter den Erwachsenen ist diese Sitte unterschiedlich verbreitet.

日本人の習慣として特徴的なことは、贈り物をもらったら、お返しをすることです。	In Japan sollte man eine Kleinigkeit zurückschenken, wenn man etwas **geschenkt bekommen** hat.
日本では、葬儀等の際にも多くはお金を贈ります。そのための専用の不祝儀袋があります。	Auch bei traurigen Angelegenheiten schenkt man den Hinterbliebenen[2] Geld. Dafür gibt es spezielle Umschläge.
日本にはチップをあげる習慣がありません。たいていのレストランやホテルやタクシーなどで、チップを渡す必要はありません。	In Japan ist es nicht üblich, Trinkgeld zu geben. In den meisten Restaurants, Hotels oder bei der Taxifahrt gibt man kein Trinkgeld.

● 語彙の解説
1) in den meisten Fällen：「多くの場合」。
2) die Hinterbliebenen：「遺族」。

26. 家族　　▶ 189

使える表現のポイント

テーマを明示する表現

● es geht um + 4格, es handelt sich um + 4格
…が問題だ、…が重要だ

Es geht um die Gesundheit der Familie.
家族の健康が重要です。

● Es richtet sich an jn
対象（となる人物）は…である

Es richtet sich an alleinlebende alte Leute.
対象となるのは、一人暮らしのお年寄りです。

時間的な傾向を表わす表現

● Jahr um Jahr
年々

Jahr um Jahr arbeiten immer mehr Frauen.
年々多くの女性が仕事をしています。

日本は伝統的に三世代同居の大家族でした。しかししばらく前から都会では戦後、核家族化が進みました。そのため、一人暮らしの老人への対策が講じられています。

Früher wohnten in der Regel drei Generationen in einer Großfamilie zusammen. Aber seit einiger Zeit haben sich in den Städten Kern-familien durchgesetzt[1]. Deshalb gibt es Maßnahmen, die sich an alleinlebende alte Leute richten.

結婚年齢は年々上がっていて、特に大都市では結婚年齢が高く、30歳を過ぎても未婚の若者は半数以上います。以前は、結婚して家庭を持って一人前という伝統的な考え方がありましたが、それも今では薄れて、独身者が増えています。

Das durchschnittliche Heiratsalter steigt **Jahr um Jahr.** Besonders in den Großstädten bleiben mehr als die Hälfte der jungen Leute ledig, die über 30 Jahre sind. In der japanischen Gesellschaft wurden früher nur verheiratete Menschen als selbstständig anerkannt. Trotzdem **nimmt die Zahl** der Alleinstehenden deutlich **zu.**

戦前はお見合い結婚という風習がありましたが、現在では恋愛結婚が多数です。神前式結婚が一番多いですが、結婚式を挙げないカップルもいます。

Vor dem Zweiten Weltkrieg kamen Ehen oft durch Vermittlung, OMIAI genannt, zustande[2]. Heutzutage finden die meisten Leute selbst ihre Ehepartner in ihrem Freundeskreis. Shintoistische Trauungen sind am häufigsten, einige Paare verzichten auf[3] eine spezielle Hochzeitszeremonie.

離婚は欧米ほどではありませんが、確実に増えています。再婚も増えています。

Die Zahl der Ehescheidungen ist nicht so hoch wie in Europa oder Amerika, steigt aber **immer weiter.** Nicht wenige heiraten zum zweiten Mal.

出生率、すなわち一人の女性が
生涯に生む子供の数は1.33人
で2人以下、つまり、人口は減少
傾向にあります。このことはさ
まざまな問題をもたらしていま
す。つまり、少子高齢化が問題
になっています。

Die Geburtenrate in Japan, die
angibt, wie viele Kinder eine Frau
durchschnittlich in ihrem Leben
bekommt, liegt bei 1,33. Die
japanische Bevölkerungszahl **nimmt
nun allmählich ab**. Dies führt zu
mehreren Problemen[4]. **Es geht um
eine geringe Kinderzahl und die
Überalterung der Gesellschaft.**

● 語彙の解説

1) sich[4] durchsetzen：「（考えなどが）広く受け入れられる」。

2) zustande kommen：「実現する、完成する」。

3) auf + 4格 verzichten：「（権利・要求など[4]）を断念する、なしで済ませる」。

4) zu + 3格 führen：「…[3]に至る、つながる」。

27. 若者

▶ 190

使える表現のポイント

● 〔von + 3格 / durch + 4格〕charakterisiert / geprägt sein
…[3]（あるいは〜[4]）で特徴づけられている

Japan ist durch schöne Landschaften charakterisiert.
日本は美しい景色で特徴づけられています。

● -bewusst
名詞・動詞などに付けて「…の重要性を意識した、配慮した」などを意味
する形容詞を作る

modebewusst　ファッションに敏感な
problembewusst　問題意識の高い
umweltbewusst　環境に配慮した

● 3格 + 4格 + verdanken
…[4]を〜[3]に負っている、お陰である

Er verdankt seinen Erfolg der Unterstützung der Eltern.
彼の成功は両親のお陰です。

日本の若者は、グループ意識が強く、流行を追う一方で、人間関係は、適度な距離を保つことを好むようです。ネット、特にSNSの利用を通じて彼らの文化は特徴づけられています。

Japanische Jugendliche orientieren sich an[1] Gruppen und Trends, aber andererseits möchten sie bei den persönlichen Kontakten lieber Distanz halten[2]. **Durch** Nutzung des Internets, besonders der sozialen Netzwerke, wird ihre Kultur **charakterisiert**.

親に頼ったり、いつまでも親と同居する若者も少なくありません。諸外国の若者と比べて、社会問題への関与が相対的に低いようです。

Nicht wenige junge Leute in Japan sind abhängig von den Eltern und wohnen ständig bei ihnen. Japanische Jugendliche interessieren sich wohl weniger für soziale Probleme als ausländische Jugendliche.

日本の若い女性は流行に敏感です。外見に気を遣って、服や化粧品にたくさんお金を使う傾向があります。

Jüngere Japanerinnen sind **modebewusst**. Sie achten auf[3] ihr Äußeres[4] und geben daher für Kleidung und Kosmetik viel Geld aus[5].

日本の若者文化の一つとして、いわゆる「おたく文化」があります。

Als ein Beispiel für Jugendkultur könnte man die sogenannte OTAKU-Kultur nennen.

「おたく」とは、1970年代以来の日本のサブカルチャーの信奉者のことです。「おたく」は、一つの趣味に没頭して、社会から孤立している人です。

OTAKU bezeichnet einen Anhänger der seit den 1970er[6] Jahren entstandenen japanischen Subkultur. Die Person hängt sehr stark an[7] einem Hobby und isoliert sich von[8] der Gesellschaft.

おたく文化の中核にあるのは、漫画やアニメです。日本の漫画は、広い娯楽性、ストーリー性を持っています。そのような総合的魅力が、漫画が世界で好まれている理由でしょう。

Im Mittelpunkt der OTAKU-Kultur stehen Mangas und Zeichentrickfilme und –figuren (Anime). Japanische Mangas sind unterhaltsam und erzählerisch. **Einem** solchen gesamten kulturellen Reiz **verdanken** japanische Mangas ihre internationale Beliebtheit.

● 語彙の解説

1）sich⁴ an + 3格 orientieren：「…³に（自分の考え・立場などを）合わせる」。

2）Distanz halten / nehmen：「距離をとる」。

3）auf + 4格 achten：「…⁴に注意を払う、気を付ける」。

4）Äußeres：「外見」。

5）für + 4格 Geld ausgeben：「…⁴にお金を使う」。

6）1970er：「1970年代」。-erは数詞に付けて、「…年代の」「…歳台の」。

7）an + 3格 hängen：「…³に執着する、愛着を持つ」。

8）sich⁴ von + 3格 isolieren：「…³から孤立する」。

28. 医療制度 ▶ 191

使える表現のポイント

原因・理由を表わす表現

● Die Ursache liegt in / Der Grund liegt an + 3格
…に原因がある

Die Ursache des Brandes liegt in einem weggeworfenen Zigarettenstummel.
火事の原因は、煙草の吸殻を放っておいたことでした。

日本人の平均寿命は非常に高いです。男性81歳、女性は87歳で、世界一の長寿を誇ります。

Viele Japaner erfreuen sich¹⁾ eines langen Lebens. Die Lebenserwartung der Männer ist 81 Jahre, die der Frauen 87 Jahre, das ist die höchste der Welt.

日本人が長寿である理由は、高度な医療水準、健康的な食生活、そして国民皆保険制度にあると言えるでしょう。

Die Gründe dafür liegen wohl an dem hohen Niveau der medizinischen Versorgung, den gesunden Essgewohnheiten und dem Krankenversicherungssystem, das für das ganze Volk verpflichtend ist.

日本の保険法は、ドイツの保険法を手本に制定され、戦後、国民皆保険制度がスタートしました。

Das japanische Krankenversicherungsgesetz wurde nach dem deutschen Muster entworfen. Nach dem Zweiten Weltkrieg ist das jetzige Versicherungssystem in Kraft getreten.

この制度により、誰でも平等に、日本中どこの病院でも受診できます。	Das System gewährleistet[2] allen, überall in Japan gleich behandelt zu werden, unabhängig davon, welche medizinische Einrichtungen man aufsucht.
医療費の30パーセント以上が公費でまかなわれているので、医療費は他の先進国に比べて少ないです。	Mehr als 30% der Behandlungskosten werden von der Staatskasse, also von den Steuern, abgedeckt[3]. Im Vergleich zu anderen Industrieländern bezahlt der Versicherte[4] deshalb selbst weniger.
医療費の負担は原則3割で、高齢者は年齢により1割ないし2割の負担、また子供は自治体によりますが、2割負担の場合や無料の場合などがあります。	Für die Behandlung bezahlt man in der Regel einen Eigenanteil[5] von 30% der Kosten. Senioren bezahlen 10-20%, abhängig von ihrem Alter. Kinder bezahlen 20% oder gar nichts, was in den jeweiligen Gemeinden unterschiedlich geregelt ist.
日本社会の高齢化は急激に進み、65歳以上の老ın人口は約25パーセントに達します。高齢化に伴う医療費の増大が財政を圧迫しています。	Die Überalterung[6] der japanischen Gesellschaft ist rasch[7] angestiegen[8]. Der Anteil der älteren Menschen, die über 65 Jahre alt sind, erreicht schon rund 25%. Die zunehmenden Kosten für medizinische Behandlungen bedrängen[9] deshalb die japanische Staatskasse.

● 語彙の解説

1) sich[4] + 2格 erfreuen：「…[2]を享受する」（文語で）。（例）sich großer Beliebtheit erfreuen（大変人気がある）。
2) gewährleisten：「…[4]を保証する」。
3) abdecken：「（必要・需要などを）満たす、カバーする」。
4) Versicherter / Versicherte：「被保険者」。
5) Eigenanteil：「自己負担分」。
6) Überalterung：「高齢化」。
7) rasch：「速い、急速な」。
8) ansteigen：「上昇する」。
9) bedrängen：「…[4]を攻めたてる、苦しめる」。

使える表現のポイント

● 4格 + in Anspruch nehmen
…を必要とする、利用する

Ich habe ihre Freundlichkeit in Anspruch genommen.
私は彼女の好意に甘えました。

日本では、65歳以上の老人世代が多いのに対し、15歳以下の子供が少なく、老齢年金のレベル維持が懸念されています。	In Japan leben mehr ältere Leute, die über 65 Jahre sind, als Kinder, die unter 15 Jahre sind. Die Sorge um[1] den Aufrechterhalt der Altersversorgung[2] ist allgegenwärtig.
定年はこれまで通常60歳でしたが、平均寿命の伸びに伴って、企業によっては定年が65歳に延長されたり、撤廃されたりしました。	In Japan gingen bisher die meisten Arbeitnehmer mit 60 in Rente[3]. Mit der Verlängerung des Lebensalters wird nun das Rentenalter je nach Unternehmen auf 65 erhöht[4] oder sogar abgeschafft[5].
それに対応して政府は、年金の受給年齢を徐々に引き上げる決定をしました。	Dementsprechend[6] hat die Regierung beschlossen, das Rentenalter schrittweise anzuheben[4].
年金制度は二階建てです。まず、20歳以上60歳未満の国民は、国民年金に強制加入し、資格期間が25年以上ある人が65歳になった時、基礎年金をもらえます。	Das japanische Rentensystem besteht aus zwei Teilen. In erster Linie müssen alle Japaner zwischen 20 und 60 den Beitrag für die Staatsrente bezahlen. Nach 25 Jahren Einzahlung sind sie berechtigt, die Grundrente zu bekommen, wenn sie 65 Jahre alt geworden sind.
その他に、サラリーマンや公務員には厚生年金や共済年金があり、企業や組織が保険料を折半します。	Dazu können Angestellte und Beamte noch Arbeitnehmer-Rente bekommen. Die Hälfte des Beitrags wird von den Arbeitgebern bezahlt.

高齢者の介護も今日の大きな問題です。これまで日本では、長男が親の面倒をみるという考え方が支配的で、在宅介護が普通でした。

Altenpflege ist heutzutage auch ein großes Thema. In Japan dominierte lange die Idee, dass der erste Sohn sich um die gealterten Eltern kümmern muss, so dass eine häusliche[7] Pflege üblich war.

その後、核家族化や生活スタイルの変化により、介護は家庭だけで担えなくなりました。

Im Laufe der Zeit haben sich Kernfamilien durchgesetzt, und Lebensstile haben sich verändert. Nun ist Altenpflege keine Familiensache[8] mehr.

ドイツの制度をモデルに介護保険制度が導入され、介護施設を利用したり、自宅で介護サービスが受けられるようになりました。

Nach dem deutschen Muster wurde dann das Pflegeversicherungssystem eingeführt. Man kann nun im Altersheim[9] gepflegt werden oder verschiedene Pflegeangebote zu Hause **in Anspruch nehmen.**

● 語彙の解説

1) Sorge um / über + 4格：「…⁴の心配」。

2) Altersversorgung：「老齢保障（制度）、老齢年金」。

3) in / auf Rente gehen：「年金生活に入る」。

4) Rentenalter erhöhen / anheben：「年金受給年齢を引き上げる」。

5) abschaffen：「（法律・制度などを⁴）廃止する」。

6) dementsprechend：「それに対応した」。

7) häuslich：「家庭の」。

8) Familiensache：「家族の問題」。-sache（…の事、物）は、多くの複合語を作る。Drucksache（印刷物）、Hauptsache（最も重要なこと）、Nebensache（副次的な事）、Privatsache（私事）、Schmucksachen（装身具）、など。

9) Altersheim：「老人ホーム」。

┌───┐

使える表現のポイント

根拠・出典を明示する表現

● nach der Legende / der Legende nach
伝説によれば
＊nachは名詞の前にも後にも置くことができるが、いずれにしても3格支配。

● zufolge des Berichts / dem Bericht zufolge
報告によれば
＊zufolgeも名詞の前にも後にも置くことができるが、前に置けば2格支配、後に置けば3格支配。

順番を表わす表現

zuerst　　– dann　　– danach
最初に　　　それから　その後で

anschließend　　　– zum Schluss
引き続いて　　　　　　　　最後に

└───┘

日本の女性の就業率は現在72パーセントで、増加傾向にあります。	Etwa 72% der Japanerinnen sind im Moment berufstätig, und diese Zahl zeigt steigende Tendenz[1].
日本では伝統的に、男性は外で働きさえすればよく、一方で女性は家を守る、という考え方が根強くありました。	In Japan herrschte seit langem das Klischee[2], Männer bräuchten[3] sich nur um den Beruf zu kümmern, während Frauen den Haushalt führen[4].
その結果、結婚・出産のために仕事をいったんやめる就業パターンが多く見られました。	Man kann als Ergebnis das Muster erkennen, dass Japanerinnen, nachdem sie geheiratet bzw. Kinder bekommen haben, häufig aufhören zu arbeiten.
現在法律では両親の一方に産後1年間の育児休暇が認められています。	**Nach** dem Gesetz ist nun ein Elternteil berechtigt, ein Jahr Erziehungsurlaub zu[5] nehmen.

働く母親たちは子育ての問題に直面することが多いです。最大の問題は、保育園不足です。	Die berufstätigen Mütter treffen aber oft auf [6] Schwierigkeiten bei der Kinderbetreuung. Das größte Problem ist der Mangel an Kinderhortplätzen.
実際、第一子出産後に、36パーセントが仕事をやめるという数字が報告されています。	Praktisch[7] verlassen 36% der Frauen in Japan ihre Arbeitsplätze, nachdem sie das erste Kind bekommen haben.
子供がある程度大きくなり、学齢期に達してから再就職を希望する母親は多くいますが、簡単ではありません。	Wenn die Kinder größer werden und in die Schule kommen, möchten nicht wenige Mütter in das Berufsleben zurückkehren, aber das ist nicht so einfach.
一昨年には雇用者総数に占める女性の割合は44パーセントでした。	Vorletztes Jahr betrug der Anteil der Frauen auf dem Arbeitsmarkt 44%.
仕事の内容も、男性社員の補助的な仕事をする一般職から、基本的に男性と同じ仕事をする総合職への転換が見られます。	Früher arbeiteten sie häufig den Männern zu[8], aber sie leisten nun gleich verantwortliche Arbeit wie Männer.
この転換を支えているのが、1985年にできた男女雇用機会均等法で、雇用の際に男女による差別を行なうことを禁止しています。	Diese Tendenz wird durch ein Arbeitsgesetz aus dem Jahre 1985 unterstützt, das den Frauen die Gleichberechtigung bei der Einstellung garantiert.
合計特殊出生率（一人の女性が生涯に産む子供の数）が1.33に落ち込み、急激な少子・高齢化が、将来の労働力不足、社会の活力低下になると、危惧されています。	Die Geburtenrate ist bis auf 1,33 gesunken. Man macht sich Sorgen, dass die japanische Gesellschaft schnell überaltert, und diese strukturelle Veränderung tiefgreifend[9] den Arbeitsmarkt und die soziale Leistungsfähigkeit verringern könnte.

政府は、女性が安心して仕事と子育ての両立をはかれる社会、「女性が輝く社会」の確立を目指しています。	Die Regierung hat vor, eine Gesellschaft aufzubauen, in der die Frauen Beruf und Familie mit einander vereinbaren können.
肝心なのは家庭内で男女が子育てと家事を協力し、働く女性の負担を解消していくことです。男性の中にも、仕事よりも家庭団欒に充実感を感じる人が増えています。	Wichtig ist, dass die Frauen in der Familie von ihren Ehemännern bei der Hausarbeit unterstützt und damit entlastet werden. Japanische Männer legen immer mehr Wert auf das Leben mit der Familie.
願うべきは、男性の平均家事時間42分、有職女性の平均家事時間3時間強という現状が少しでも改善されることです。	Hoffentlich ändert sich **zuerst** folgende Situation: im Moment machen die japanischen Männer täglich durchschnittlich 42 Minuten Hausarbeit, während die berufstätige japanische Frau mehr als 3 Stunden im Haushalt arbeitet.

● 語彙の解説

1) steigende Tendenz zeigen：「上昇傾向を示す」。

2) Es herrscht das Klischee, ... / Das Klischee herrscht, ...：「固定観念が支配している」。herrschen は「ある状態・雰囲気が広く行き渡っている」の意味。

3) bräuchten：＜ brauchen の接続法 II 式。brauchen nur / bloß zu ... で、「…しさえすればよい」。

4) Haushalt führen：「家事をする、家計をあずかる」。

5) zu ... berechtigt sein：「…する権利（資格）のある」。

6) auf+4格 treffen：「…⁴に出くわす、（困難などに）遭遇する」。

7) praktisch：副詞として、「実際に、本当に」（口語で）。

8) jm. zuarbeiten：「（人³）の仕事を手伝う」。女性がかつて携わった、補助的な仕事を、Zubringerdienst「配達の仕事」、または Hilfsdienst「救援活動」と呼ぶことがある。

9) tiefgreifend：「深刻な」。tief greifend と綴ってもよい。

文法索引

さ行

ま行

や行

ら行

わ行

著者紹介

谷澤優子（たにざわ・ゆうこ）
東京大学大学院博士課程単位取得満期修了（専門は言語学）。
ゲーテ・インスティトゥート教員養成コース修了。ドイツ語通訳案内士。日本
語教育能力検定試験合格。
著書：『クラッセ！ ノイ　初級ドイツ語総合読本』（共著、白水社）

Gabriela Schmidt（ガブリエラ・シュミット）
日本大学文理学部教授。
マインツ大学で哲学で修士号、比較言語学で博士号取得。
著書：『クラッセ！ ノイ　初級ドイツ語総合読本』（共著、白水社）

中級ドイツ語会話ハンドブック［新版］

2022年 6 月 5 日　印刷
2022年 6 月30日　発行

著　者©　谷　澤　優　子
　　　　　ガブリエラ・シュミット
発行者　及　川　直　志
印刷所　株 式 会 社 三 秀 舎

発行所　101-0052東京都千代田区神田小川町3の24
　　　　電話 03-3291-7811（営業部）,7821（編集部）
　　　　www.hakusuisha.co.jp　　　　株式会社 白水社
　　　　乱丁・落丁本は、送料小社負担にてお取り替えいたします。

振替 00190-5-33228　　　Printed in Japan　　　加瀬製本

ISBN978-4-560-08943-9

▷本書のスキャン、デジタル化等の無断複製は著作権法上での例外を
除き禁じられています。本書を代行業者等の第三者に依頼してスキャ
ンやデジタル化することはたとえ個人や家庭内での利用であっても著
作権法上認められていません。